**Wander- und Radwanderführer
Naturpark Augsburg – Westliche Wälder**

ISBN: 3-9806733-1-6

Wander- und Radwanderführer
Naturpark Augsburg – Westliche Wälder

Der Originalführer
zur Wander- und Radwanderkarte
„Naturpark Augsburg –
Westliche Wälder"

Mit Fotos von Reinhard Eisele

Impressum:
1. Auflage, ©1999
Herausgeber:
Naturpark Augsburg – Westliche Wälder e. V.
(Naturparkverein)
Prinzregentenplatz 4, 86150 Augsburg
Telefon: 08 21/31 02-0, Telefax: 08 21/31 02-2 09
Internet: www.landkreis-augsburg.de

Texte: Verschiedene Mitarbeiter im Auftrag des Herausgebers
Fotos: Naturparkverein,
Reinhard Eisele, Augsburg,
Helga Eisele, Augsburg
Gestaltung und Herstellung: Eisele & Bulach, Augsburg
Gedruckt auf chlorfrei gebleichtem Papier:

ISBN: 3-9806733-1-6

Inhalt

Liebe Naturparkfreunde!

Über ein Viertel Jahrhundert ist vergangen, seit der Naturpark Augsburg – Westliche Wälder e. V. gegründet wurde. Eine weitsichtige Entscheidung, der wir heute den einzigen Naturpark in Bayerisch-Schwaben zu verdanken haben.
Er präsentiert sich als Wander- und Radwanderparadies mit Touren für jeden Geschmack und als reiche Kulturlandschaft. Bürger und Besucher Mittelschwabens genießen den Waldreichtum und die naturnahen Freizeitangebote. Der ländliche Charakter und die Nähe zur drittgrößten Stadt Bayerns bilden eine sympathische Einheit.
Die Geschichte des heutigen Naturparkgebietes findet sich wieder in den zahlreichen Bau- und Bodendenkmälern. Viele Ereignisse, Anekdoten und Personen sind mit dieser Region verbunden. So soll Wolfgang Amadeus Mozart – sein Urgroßonkel lebte in Fischach – in der Wallfahrtskirche Biberbach einen Orgelwettstreit ausgetragen haben. Der sagenumwobene Räuber Mathias Klostermair, genannt der „Bairische Hiasl" (1771 hingerichtet) nutzte die weitläufigen Wälder als Unterschlupf und Jagdgebiet.
Die bekannte Geschichte der „Sieben Schwaben" entstand in Türkheim, der südlichsten Naturparkgemeinde. Und Ludwig Ganghofer verbrachte im heutigen Naturpark seine Jugendjahre. Viele seiner Romangestalten scheinen hier ihre lebendigen Vorbilder gehabt zu haben.
Der Wander- und Radwanderführer „Naturpark Augsburg – Westliche Wälder", der als wichtige Ergänzung zur gleichnamigen Wander- und Radwanderkarte erarbeitet wurde, soll Ihnen eine Hilfe bei der Planung von Touren sein. Wir möchten Ihnen aber auch unseren Naturpark in seinen unterschiedlichen Facetten vorstellen.
Als Vorsitzende des Naturpark Augsburg – Westliche Wälder e. V. wünschen wir Ihnen schöne und erholsame Stunden.

Peter Menacher

Dr. Peter Menacher, Oberbürgermeister
Stellvertretender Vorsitzender
des Naturparkvereins

Karl Vogele

Dr. Karl Vogele, Landrat
Vorsitzender
des Naturparkvereins

Die Wallfahrtskirche Allerheiligen bei Jettingen/Scheppach. (links)

Der Bieselbacher Altar (um 1504), eine weit über die Grenzen bekannte Arbeit von Daniel Mauch. (oben)

Der barocke Klostergarten des Klosters Oberschönenfeld. (unten)

Mit dem Mountainbike durchs Anhauser Tal, mit Inline-Skates entlang des Landrat-Dr.-Frey-Weges, mit dem Rennrad auf Nebenstraßen oder einfach Joggen am Waldrand: Der Naturpark ist ein Paradies für Freizeitsportler.

Natur im Licht: Farne und Klatschmohn im Schein der untergehenden Sonne.

Freizeit natürlich erleben – in Bayerisch-Schwabens einzigem Naturpark „Augsburg – Westliche Wälder“

Als im Jahre 1988 nach vierzehnjährigem Wirken des Naturparkvereins der Naturpark Augsburg – Westliche Wälder formell anerkannt wurde, ging eine Vision in Erfüllung.
Heute präsentiert sich die Region Augsburg als Umweltkompetenzzentrum und dynamischer Wirtschaftsraum, der bereit ist, die Herausforderungen des 21. Jahrhunderts zu meistern.
Naturpark und Natur werden als dauerhaft wertvolles Kapital gesehen, das schonend und sinnvoll genutzt werden soll. Über die Hälfte des 1175 Quadratkilometer großen Naturparks wurde deshalb unter Landschaftsschutz gestellt. Durch eine moderate Ausweisung von Gewerbegebieten, einem attraktiven öffentlichen Nahverkehr, durch die schonende Erholungsnutzung mit den Schwerpunkten Radwandern und Wandern sowie einem qualitätsorientierten Fremdenverkehr sind im Naturpark gute Voraussetzungen gegeben, um die Belange von Umwelt und Mensch bestmöglich in Einklang zu bringen.

Wälder und Weiler

Der Naturpark Augsburg – Westliche Wälder ist zu etwa 43 Prozent seiner Fläche mit Wald bedeckt. Die mancherorts noch dominierenden Fichtenwälder wurden vor langer Zeit als Reaktion auf die seit dem Mittelalter erfolgten, starken Übernutzungen und die vorhandene „Holznot“ gepflanzt. Mit immensem waldbaulichem Einsatz wird seit Jahrzehnten der Umbau zu Mischbeständen aus Nadel- und Laubbäumen vorangetrieben.
Unentbehrlich für Wanderer und Radwanderer sind die ungezählten Forstwege im Naturpark. Es ist eine große Leistung für die Allgemeinheit, daß viele private und öffentliche Waldbesitzer die vom Naturparkverein ausgewiesenen Radwanderwege in gutem Zustand erhalten.
Neben den, dem Naturpark namensgebenden Wäldern sind es die kleinen Bäche und Trockentäler, die der Landschaft ihr abwechslungsreiches Gepräge verleihen. Auf den Feuchtwiesen im Talgrund wächst noch manch seltene Blume, andernorts bedrohte Insekten, Amphibien und Vögel finden hier Lebensraum. Vom Menschen angelegte Weiher bereichern die vorhandene Vielfalt.

Vom Urwald zur Kulturlandschaft

Mit knapp 100 Einwohnern je Quadratkilometer ist das Naturparkgebiet noch heute sehr dünn besiedelt. Das Auf und Ab der Landschaft mit Tälern und langgestreckten „Riedeln" (Höhenrücken), vielfach sandigem, manchmal lehmigem Mineralboden, ist ein Produkt vieler Millionen Jahre.
Im „Tertiär", einem geologischen Zeitalter, das 60 Mio Jahre andauerte, wurden bei uns überwiegend Sande aus verschiedenen Teilen der sich auftürmenden Alpen abgelagert. Diese Tertiärschicht reicht bis in Tiefen von über 1000 m. Anschließend, mit dem Beginn der Eiszeiten vor rund 2,4 Mio. Jahren, begann das „Quartär".
Nun bedeckten kiesige Ablagerungen, die durch die Schmelzwasserströme gewaltiger Gletscher (z. B. in Form einer Ur-Donau und einer Ur-Iller) herangetragen wurden, unsere Region. Diese Terrassenschichten wurden im Laufe der Zeit von den zahlreichen, sich eintiefenden Bächen durchschnitten. Die Tertiärschicht trat dort wieder zutage – das heutige Erscheinungsbild entstand.
Auch die Vegetation hat sich seit Ende der letzen Eiszeit grundlegend gewandelt:
Die deutliche Erwärmungsphase vor über 10000 Jahren ermöglichte die Wiederbewaldung. Die zunächst vorherrschenden Kiefern- und Eichenmischwälder wurden später von der Buche verdrängt. Diese Buchenwälder bedeckten vor ca. 4000 Jahren wohl fast 90 Prozent des Gebiets.
Der grundlegende Wechsel in der Lebensweise des Menschen vom Jäger und Sammler zum Bauer mit dauerhaften Siedlungen führte schließlich zur Rodung von Wald und zur aktiven Gestaltung der Umwelt.
Waren diese Eingriffe lange Zeit flächenmäßig unbedeutend, so bewirkte die starke Bevölkerungszunahme im Mittelalter, daß der Waldanteil unter den heutigen Wert sank. Bis ins 19. Jahrhundert war der Wald ständigen Übernutzungen ausgesetzt: Er wurde beweidet, Brenn- und Bauholz, Früchte, Streu und Laub wurden entnommen, Köhler, Harzscharrer und Zeitler („Wildbienenimker") beschädigten den Wald. Hohe Schalenwildbestände verhinderten eine natürliche Wiederbewaldung.
Der geregelten Forstwirtschaft im 19. Jhdt., die sich angesichts dieser leidvollen Vergangenheit die Nachhaltigkeit zum Wirtschaftsgrundsatz wählte, gelang die Sanierung der zu „Stauden" (daher die Bezeichnung der südlichen Region im Naturpark) degradierten Wälder. Heute besteht ein an den örtlichen Funktionen des Waldes ausgerichtetes Bewirtschaftungssystem. Auch in Landwirtschaft, Grünordnung oder Verkehrsplanung im Naturpark hat der Erhalt oder die Neuschaffung von Natur einen hohen Stellenwert.

Der Naturparkverein

Der Naturparkverein als Träger des Naturparks hat in seinem Bemühen, die in einem solch großen Schutzgebiet zwangsläufig auftretenden Nutzungs- und Zielkonflikte sinnvoll zu entschärfen, eine schwierige Aufgabe gefunden. Als Landschaftspflegeverband schützt und pflegt er die natürliche Vielfalt.
Im Naturpark-Haus im Schwäbischen Volkskundemuseum Oberschönenfeld wird Bildungsarbeit und naturkundliche Information geboten.
Mit seinen Wander- und Radwanderwegen, seinen Erholungseinrichtungen und Broschüren, aber auch durch zahlreiche Führungsangebote, trägt der Naturparkverein zur Lenkung des Besucherstroms und zur objektiven Information bei.
Nicht Entwicklungen vorschnell abzulehnen, sondern Fortschritt als Möglichkeit zur sinnvollen Gestaltung und Sicherung einer lebenswerten Umwelt zu nutzen, ist die Grundidee der Naturparke in Deutschland und die Intention unseres Naturparkvereins.

Natur erleben

Es ist heute leicht, die Welt zu bereisen. Den Glanz der nächsten Heimat zu erkennen, erfordert Sensibilität und Interesse.
Mit unserem Wander- und Radwanderführer „Naturpark Augsburg – Westliche Wälder" möchten wir Ihnen Anregungen geben. Viele weitere Materialien über die Region Augsburg und den Naturpark sind im Buchhandel oder beim Naturparkverein erhältlich. Die hier enthaltenen Wander- und Radwandertips erheben keinen Anspruch auf Vollständigkeit. Zahlreiche weitere, aus Platzgründen nicht enthaltene Rundwanderwege sind in der aktuellen Wander- und Radwanderkarte „Naturpark Augsburg – Westliche Wälder" zu finden und vor Ort markiert. Dieses Büchlein möchte Ihnen nicht nur als Führer dienen. Es enthält zahlreiche weiterführende Informationen. So wird im folgenden Kapitel von Otto Schneider auf noch auffindbare Reste vor- und frühgeschichtlicher Besiedlung sowie auf mittelalterliche Burganlagen eingegangen.
Als Juwel des Rokoko entpuppt sich der Naturpark im darauffolgenden Beitrag von Walter Scheidler.
Auch das Ortsverzeichnis am Schluß des Buches gibt interessante kulturgeschichliche Informationen und Hinweise auf Sehenswertes.
Lernen Sie Land und Leute näher kennen. Entdecken Sie die versteckten Reichtümer unseres Naturparks. Verbringen Sie schöne Stunden frei von Hektik und Zwang.
Die Mitarbeiter des Naturparkvereins wünschen Ihnen viel Vergnügen.

OTTO SCHNEIDER

Geländedenkmäler, Zeugnisse vor- und frühgeschichtlicher Besiedlung

Die Zeugnisse, die von der Jungsteinzeit bis zum frühmittelalterlichen Landesausbau auf uns gekommen sind, reichen vom zufälligen Einzelfund bis zur archäologischen Ausgrabung von Gräberfeldern und Siedlungen. Sehr zahlreich sind aber vor allen Dingen die sogenannten Geländedenkmäler, welche der aufmerksame und interessierte Wanderer im Naturparkgebiet antreffen kann. Diese sichtbaren Hinterlassenschaften in Form von Grabhügeln, Ringwällen, Schanzen, Trichtergruben, Römerstraßen und Burgställen sollen hier in Kurzform vorgestellt werden; in der Naturparkkarte (siehe S. 179) sind viele Objekte eingetragen und im Gelände schon eine beachtliche Anzahl beschildert oder mit Erläuterungstafeln versehen. Auf dem „Buschelberg" bei Fischach und auf der „Haldenburg" bei Schwabegg erlauben geschichtliche Lehrpfade einen genaueren Einblick.
Zu allen Zeiten in der Vor- und Frühgeschichte sind es vor allem die Gräber, welche Einblick in die Bestattungssitten, Jenseitsvorstellungen und aufgrund ihrer Beigaben in Form von Waffen, Schmuck und Gebrauchsgegenständen Rückschlüsse auf Sozialstruktur und Lebensweise ermöglichen. Aus der Bronze- und Hallstattzeit finden wir dank des schützenden Waldes vor allem die über einer Grabkammer oberirdisch aufgeschütteten Grabhügel erhalten. Ihr Auftreten kommt als Einzelhügel und in kleiner Gruppe vor (somit Hinweis auf in der Nähe gelegenen Einzelhof und Weiler) oder aber in großen Gruppen, sog. Nekropolen, bis zu 50 oder 100 Hügeln (Hinweis auf größere Siedlungen). Große Ballungen solcher Grabhügel treffen wir bei Allmannshofen – Blankenburg – Ehingen, im Horgauer Becken, auf der westlichen Wertachtalseite, bei Buttenwiesen und am Westrand des Mertinger Forstes an. Ihre Mehrzahl gehört vorwiegend in die Hallstattzeit (750 – 450 v. Chr.), wenige davon in die sogenannte Hügelgräberbronzezeit (1600 – 1250 v. Chr.) wie z. B. die Gruppe in der Flur „Leitach" nördlich von Straßberg.
Eine selbständige Gruppe innerhalb der Geländedenkmäler sind die Viereckschanzen, meist quadratische oder rechteckige durch Wall- und Außengraben eingehegte Anlagen, mit Seitenlängen von 70 – 120 m. Durch Ausgrabungen wissen wir heute, daß es spätkeltische Kultstätten waren, welche bis zu drei Opferschächte und einfache Gebäude im Sinne gallo-römischer Umgangstempel hatten.

Ihre Verbreitung in Süddeutschland deckt sich mit dem keltischen Siedlungsgebiet im letzten vorchristlichen Jahrhundert.
So liegen im Naturparkgebiet eine Schanze im Walde zwischen Zusamaltheim und Binswangen, die „Monburg" bei Heretsried, die „Burg" beim Peterhof, zwei Schanzen östlich von Burtenbach im „Eich-Bühel" und auf dem „Vogelburger Berg", die „Viereckenburg" nördlich von Reutern, die „Brennburg" bei Fischach/Willmatshofen, im Wald „Buschelgraben" bei Schwabegg und als südlichste Anlage die „Poenburg" nördlich von Türkheim.
Als im Jahre 15 v. Chr. römische Legionen ins keltische Vindelicien vorstießen, war es notwendig, die vorläufige Grenzlinie zu schützen. So entstanden u.a. am Nordrand unseres heutigen Naturparkes die frührömischen Kastelle bei Aislingen und Burghöfe bei Druisheim. Die im 2. Jahrhundert aufblühende Provinzhauptstadt Raetiens, Augusta Vindelicum, wurde bedeutender Mittelpunkt im Sinne einer Straßenspinne an- und abgehender Fernstraßen zum römischen Mutterland, den westlichen Provinzen und zum nördlichen Grenzverlauf, dem Limes. Längere Strecken der Fernstraße Augsburg-Günzburg-Gallien sind heute noch im „Rauhen Forst" bei Horgau und im „Landensberger Forst" obertägig erhalten.
Noch einmal in spätrömischer Zeit wird das zwischenzeitlich aufgelassene Kastell Summuntorium neu befestigt; bei Gundremmingen am Südufer der Donau entsteht das Kleinkastell „Bürgle", ebenso ein gleiches auf dem „Goldberg" bei Türkheim.
Oberirdische Spuren der vom 5.–7. Jahrhundert währenden alamannischen Besiedlung sind nicht erhalten, denn die häufig angetroffenen germanischen Reihengräber finden sich nur bei Bodenaufschlüssen. Durch Kiesgrubenaufschluß und andere Baumaßnahmen konnte auf dem „Trentelberg" bei Gablingen eine germanische Siedlung archäologisch gesichert werden. Die sog. Trichtergruben, aus welchen Brauneisen im Tagebau gewonnen wurde, datieren schon in die spätkarolingisch-ottonische Zeit des 9./10. Jahrhunderts nach Christus. Die dem Wanderer als überdimensional anmutenden Stocklöcher kommen in großer Zahl zwischen Aystetten, Biburg und Straßberg vor.
Ein besonderes Kontingent oberirdischer Geländedenkmäler sind die Ringwälle und Abschnittsbefestigungen. Prägnante Zeugen dieser graben-/wallumzogenen, teils mehrfach gestaffelten Anlagen sind im Naturparkgebiet u. a. der Ringwald beim „Reutehof" bei Wertingen, der „Wallberg" bei Altenmünster, die Wallanlage bei Aislingen, die „Schneeburg" bei Welden und der „Buschelberg" bei Fischach.
Diese einst mit Holz, Erde und Steintrockenmauer umwehrten Vorläufer mittelalterlichen Burgenbaues datieren in die Zeit des

Landesausbaues des 9. und 10. Jahrhunderts. Sie waren vorwiegend Truppensammelplätze, Verwaltungssitze und natürlich auch „Refugien" (Fluchtburgen) für die Bevölkerung in Kriegszeiten. Besondere Charakteristika, welche sog. Ungarnfliehburgen ausweisen, sind die „Ungarnwälle" („Buschelberg" bei Fischach, „Haldenburg" bei Schwabegg und die „Moosburg" bei Haselbach) und die mehrfach gefächerten sog. Reiterannäherungshindernisse („Buschelberg" und „Haldenburg" s. o.). Unter Ungarnwällen versteht man hohe Erdwälle, die manchmal wie bei der Haldenburg bis zu 13 m Höhenunterschied besitzen. Reiterannäherungshindernisse sind Erdriegel, welche mit Spitzpfählen und Domverhauen besetzt waren und als quasi Sackgassen Verwirrung unter den anstürmenden Reitern hervorrufen sollten. Westlich von Siebnach befindet sich auf dem „Buchenberg" eine ausdrucksvolle Ringwallanlage. Aufgrund ihrer Baumerkmale ist sie nach den Ungarnstürmen Ende des 10. Jahrhunderts entstanden und als Burg Herzogs Welf IV. durch bischöflich augsburgische und staufische Truppen im August 1086 zerstört worden. Als nächste Stufe des erweiterten Landesausbaues kam es zur Anlage sogenannter Turmhügelburgen oder auch Hochmotten, wie sie u. a. als erste Adelssitze des 9./10. Jahrhunderts im normannisch-fränkischen Raum entstanden sind und sich alsbald als Burgen des niederen und mittleren Adels über das ganze Reichsgebiet ausweiteten. In unserem Raum wurden solche Turmhügelburgen – mit erhöhtem Kegel und umlaufendem Graben, teils sogar mit kleiner Vorburg für die Wirtschaftsgebäude – wohl erst im 10./11. Jahrhundert als Rodungs- und Forsthöfe weltlicher oder kirchlicher Macht angelegt.

In unserem Naturparkgebiet befinden sich einige klassische Beispiele solcher Turmhügel: Im 11./12. Jahrhundert wurden wohl der Turmhügel „Buschelberg" bei Bocksberg (nicht die Ruine), der „Haseck" bei Hegnenbach, der „Stuhleberg" bei Eppishofen, der „Schlößlesberg" bei Zusmarshausen und der Hügel des „Bruderhofes" bei Scherstetten erbaut.

In die Reihe der sowohl typologisch unzuweisbaren wie auch ohne Ausgrabung undatierbaren kleinen Burgen und befestigten Anlagen gehören z. B. die „Schatzberge" bei Bliensbach und Geratshofen, die Befestigung auf der "Hohen Reute" bei Saulach oder die auf dem „Katharinenberg" bei Batzenhofen. Für manche derselben ist sowohl eine Zuweisung in ältestmittelalterliche oder gar vorgeschichtliche Zeit möglich; am teils ergrabenen Erdwerk im „Unteren Burlafing" im Anhauser Tal konnte ein befestigter bronzezeitlicher Hof nachgewiesen werden.

Die größte Anzahl von Befestigungen entstand in der klassischen Burgenbauphase des hohen Mittelalters im 12./13. Jahrhundert in der Funktion als Dienstmannen- und Herrensitze, als Vogteien

oder im Sinne von Sperrfunktionen (an Straßen, Brücken usw.). Unsere drei einzigen Ruinen im Naturpark sind die Ruine Bocksberg, die „Kunzenburg" bei Rischgau und der „Wolfsberg" bei Steinekirch.
Von der Burg „Zusameck" ist nur noch die Burgkapelle oberhalb von Dinkelscherben vorhanden.
Überwiegend spricht man vom „Burgstall", also eine Stelle, an der sich einst eine Burg befand, aber keine oberirdisch sichtbaren Mauern mehr bestehen. Burghügel, Wälle und Gräben sind Relikte der früheren Burgen. Die Mauern wurden meist als Baumaterial verwendet. Damalige Holzpalisaden und Holzgebäude mit Lehmausfachung können heute nur mehr durch fachgerechte Ausgrabungen anhand der Pfostenverfärbungen nachgewiesen werden.
Schöne Beispiele solcher Burgställe sind z. B. der Kirchberg bei Heretsried, „Neuleblang" bei der Theklakirche Welden, bei der Kirche „Allerheiligen" nahe Scheppach, auf dem Burgberg von Walkertshofen und der „Weinberg" bei Schwabegg.

Lehrpfadtafel, Buschelberg bei Fischach

WALTER SCHEIDLER

Eigentlich ein zweiter Pfaffenwinkel

Um Irrtümer zu vermeiden: Die Bezeichnung Pfaffenwinkel soll nicht jenem oberbayerischen Kirchen- und Urlaubsparadies abspenstig gemacht werden, das so genannt wird. Aber die Kostbarkeiten, die in den Gotteshäusern im Bereich des „Naturparks Augsburg – Westliche Wälder" zu entdecken sind, lassen es ohne weiteres zu, von einem zweiten Pfaffenwinkel zu sprechen. Einige Beispiele sollen dies belegen:

Die Klosterkirche in Holzen, deren Türme weit ins Lechtal grüßen, ist ein Werk des Vorarlbergers Franz Beer. Von Joseph Schmuzer ist das prächtige Gotteshaus in Pfaffenhofen an der Zusam. In Binswangen, wo einst eine stattliche Judengemeinde beheimatet war, fallen reizvolle Häuser aus dem Klassizismus und Biedermeier auf. Eindrucksvoll restauriert wurde die Synagoge.

Die Kirche in Baiershofen besitzt Fresken von Dominikus Zimmermann. Das Reizvolle an diesem Werk: Auf einem Plan wird Kloster Fultenbach vorgestellt, das zu Beginn des 19. Jahrhunderts abgebrochen wurde. Kaum bekannt ist, daß unter der Wallfahrtskirche von Violau die Reste eines romanischen Gotteshauses entdeckt wurden. Vom älteren Franz Xaver Feichtmayr ist der Stuck, die Fresken sind von Johann Georg Dieffenbrunner, Gemälde sind u. a. von Johann Georg Bergmüller und Johann Joseph Anton Huber, allesamt bekannte Künstler aus Augsburg. Weldens Pfarrkirche freskierte Matthäus Günther 1733. Die dominierend über dem Ort gelegene Theklakirche stiftete 1755 Graf Joseph Maria Fugger von Wellenburg. Hans Adam Dossenberger ist der Baumeister, der Entwurf des Stucks wird Franz Xaver Feichtmayr d. Ä. zugeschrieben, die Fresken im Chor sind von Johann Baptist Enderle, die im Langhaus, zumindest im Entwurf, von Balthasar Riepp.

Eine nicht minder bemerkenswerte Wallfahrtskirche grüßt von Biberbach ins schwäbische Land. Auch hier ist ein Vorarlberger am Werk: Valerian Brenner. Von der Ausstattung sei an die vier kostbaren Seitenaltäre erinnert, deren Scagliola-Arbeiten Dominikus Zimmermann angefertigt hat. Schon W.A. Mozart trug hier einen Orgelwettstreit aus. Und das Kruzifix „Herrgöttle von Biberbach" ist weithin bekannt. Horgaus Martinskirche präsentiert u. a. Fresken des Augsburgers Joseph Christ. Im nahen Bieselbach ist eine der ganz großen Kostbarkeiten zu entdecken, ein Altar von dem Ulmer Bildhauer Daniel Mauch, um 1504 wohl für die Kapelle des 1813 abgebrochenen Horgauer Schlosses geschaffen.

In Steinekirch imponiert nicht nur die einheitliche Ausstattung des Gotteshauses (u. a. von Joseph Christ und dem älteren Franz Xaver Feichtmayr), sondern auch das benachbarte Pfarrhaus mit seiner gravitätischen Fassade. In Ettelried beweisen Deckenbilder in der Kirche und Fresken an einem Bauernhaus, daß auch im 19. Jahrhundert gute heimische Künstler am Werk waren. Hier ist es Joseph Scherer, einer aus der bekannten Malerfamilie des Orts. Sehenswert sind in Ziemetshausen die Pfarrkirche und im benachbarten Vesperbild die gut frequentierte Wallfahrtskirche.
Nach der Renovierung stellt sich die Klosterkirche von Oberschönenfeld (u. a. mit Fresken von Joseph Mages und Johann Joseph Anton Huber) in neuer Pracht vor. Darüber sollte man aber nicht vergessen, die Kirchen in Dietkirch bei Gessertshausen (von Franz Beer II.) und in Wollishausen (vom jüngeren Joseph Dossenberger) zu besichtigen.
In Kirchheim lädt im Fuggerschloß der Festsaal mit seiner großartigen Holzdecke zum Staunen ein. Und Schnerzhofen besitzt mit der Antoniuskapelle ein besonderes Kleinod. In Türkheim interessiert nicht nur die Pfarrkirche mit ihrem eigenwilligen Turm, sondern auch das Schloß und – ohne Zweifel eine Kuriosität – das Ludwigstor, das 1829 eigens zu einem Besuch Königs Ludwig I. errichtet wurde.

Zedernholzdecke Schloß Kirchheim

Das NATURPARK-HAUS im Schwäbischen Volkskundemuseum Oberschönenfeld

Natur und Mensch im Naturpark

Eingebettet in das landschaftlich besonders reizvolle Schwarzachtal liegt die Zisterzienserinnenabtei Oberschönenfeld.
Diese großartige Anlage wurde von den Zisterzienserinnen und dem Bezirk Schwaben unter Mithilfe des Landkreises Augsburg und des Landesamtes für Denkmalpflege renoviert und zeigt sich dem Besucher heute in beeindruckender Pracht. Die Abteikirche „Mariä Himmelfahrt", von dem Vorarlberger Baumeister Franz Beer in den Jahren 1721–23 erbaut, gebietet Gläubigen und Bewunderern der Kunst Ehrfurcht.
Die heutigen Museumsgebäude dienten ehemals dem Zisterzienserinnenkloster als Wirtschaftsgebäude. Noch heute befindet sich im Naturpark-Haus auch die Bäckerei des Klosters.
Das naturkundliche Informationszentrum „Naturpark-Haus" wurde in mehrjähriger Arbeit geschaffen.
Am 4. Juni 1992 konnte die feierliche Eröffnung stattfinden.
Der Verein „Naturpark Augsburg – Westliche Wälder" gestaltete die Dauerausstellung „Natur und Mensch im Naturpark", der Bezirk Schwaben führte die erforderlichen baulichen Veränderungen durch. Eingebettet in das abwechslungsreiche museale Angebot des Schwäbischen Volkskundemuseums in Oberschönenfeld, widmet sich die Arbeit des Naturparkvereins im Naturpark-Haus der anschaulichen Darstellung des Naturparks, der Natur und der gestaltenden Hand des Menschen in unserer Landschaft.
In anschaulicher und verständlicher Form werden auf etwa 500 qm Ausstellungsfläche unter anderem folgende Themenbereiche behandelt:

- Erdgeschichtliche und geologische Entwicklung
- Die Nutzung der Landschaft durch Landwirtschaft, Forstwirtschaft, Erholungsverkehr
- Boden und Wasser als elementare Grundlagen unseres Lebens
- Der Wald und seine Wohlfahrtswirkungen
- Gefährdungen für unseren Wald
- Die Bedeutung des Waldes als umweltschonender Rohstoff und die Rolle der Forstwirtschaft

Ein sehenswertes Naturmuseum: Das Naturpark-Haus (oben) im Schwäbischen Volkskundemuseum der Abtei Oberschönenfeld. (Luftbild)

Umsäumt von bewaldeten Hügeln: Die Reischenau im Herzen des Naturparks. (unten)

Wollishausen mit der charakteristischen Barockkirche von J. Dossenberger d.J. (ganz unten)

Im Naturpark-Haus sollen Anschaulichkeit und Erlebnis an erster Stelle stehen. Nachgestaltete Landschaften (sog. Dioramen) mit vielen Tieren und Pflanzen, ein sprechender, 4000 Jahre alter Eichenstock, ein Felsblock aus dem Rieskrater, aus dem Schwarzwald in den Naturpark geschwemmte Felsen, Ratekästen und Rätsel ermöglichen auf kurzweilige Weise, Natur und Naturpark kennenzulernen.
Kinder und Jugendliche liegen uns besonders am Herzen. Deshalb bieten wir ein auf die Wünsche der Lehrkräfte und die Interessen der Schüler ausgerichtetes Führungsangebot im Naturpark-Haus und im umgebenden Wald an. Entsprechende Materialien und nähere Erläuterungen erhalten Sie beim Naturparkverein (Telefon: 08 21/31 02-0).

Reh im Großdiorama im Naturpark-Haus

Zum Gebrauch dieses Führers

Bitte nicht überblättern!

Im Naturpark Augsburg – Westliche Wälder sind rund 1000 km Radwanderwege und über 1500 km Wanderwege markiert.
Die Beschilderung der Wege vor Ort erfolgt sowohl mit rechteckigen, wie auch mit länglichen, beschrifteten, an einer Seite zugespitzten Schildern:

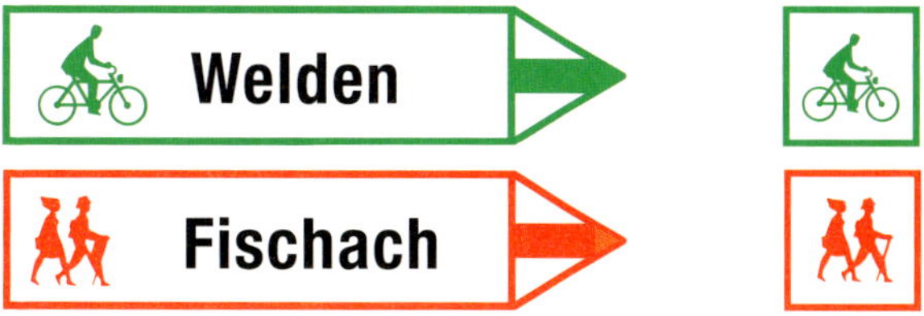

Auf Wanderwegschildern – bei Rundwanderwegen grün, bei Hauptwanderwegen rot umrahmt – sind Wanderer dargestellt.
Auf den rechteckigen oder länglichen, durchwegs grün umrahmten Radwanderwegschildern ist ein Fahrradsymbol angebracht.
Spezielle Wander- oder Radwandertouren, für die eigene Tourenprospekte oder -führer vorhanden sind und die in diesem Büchlein kurz beschrieben sind, wurden zusätzlich mit Tourenschildern versehen. Es sind dies:

- Schwäbisch-Allgäuer-Weitwanderweg (Augsburg-Sonthofen)
- Wanderweg „Lueg ins Land" (Türkheim-Wertingen)
- Radweg „Romantische Straße" (Füssen-Würzburg)
- Zusam-Radwanderweg
- Radrundweg „7-Schwaben-Tour"
- Radrundweg „Schwäbische Barockperlen"
- Radrundweg „Sonnige Reischenau"
- Radrundweg „Schwäbischer Holzwinkel"
- Radrundweg „Waldidyllen"
- Radrundweg „Schwäbischer Mozartwinkel"

In der im Buchhandel erhältlichen **Wander- und Radwanderkarte „Naturpark Augsburg – Westliche Wälder“** (1:50.000) sind die Wege folgendermaßen dargestellt:

Wassergebunde Radwanderwege: grün-gestrichelt (Kies, Schotter)

Asphaltierte Radwanderwege:

Öffentliche Radwege:

Rundwanderwege: rot punktiert mit Wanderrichtung

Wanderwege: rot

Alle o. g. speziell markierten Wander- und Radwanderwege sind in der Karte zusätzlich durch das entsprechende Symbol hervorgehoben (siehe S. 29).

Unser Büchlein enthält die wichtigsten Rad- und Wandertouren im Naturpark Augsburg – Westliche Wälder.
Jede Strecke wird zunächst kurz charakterisiert. Es folgen eine einfache Verlaufsskizze und die Wegebeschreibung.
Es wird vorausgesetzt, daß die aktuelle Wander- und Radwanderkarte „Naturpark Augsburg – Westliche Wälder“ mitgeführt wird, da trotz regelmäßiger Kontrollen immer wieder Schilder abgerissen werden.
Auf den Seiten 139 bis 175 werden zusätzlich – alphabetisch nach Ortschaften gegliedert – Informationen zur Kulturgeschichte und zu Sehenswürdigkeiten gegeben.

Radwandern im Naturpark

Das Radwandern hat in den letzten Jahren als naturnahe Form der Freizeitgestaltung großen Anklang gefunden.
Unser Verein ist bemüht, die Radwanderwege in gutem Zustand zu erhalten. Dennoch werden Wirtschaftswege, z. B. durch Holzrückearbeiten, manchmal in Mitleidenschaft gezogen. Wir bitten in diesen Fällen um Nachsicht.
Auf Gefällstrecken von Schotterwegen ist besondere Vorsicht geboten. Auch sind Fahrräder mit schmalen Felgen nicht für Radwanderrouten auf Schotterwegen geeignet.
Unsere Wander- und Radwanderkarte weist daher asphaltierte Radwanderwege eigens aus.
Der Fahrradtransport in bzw. vom Naturpark mit Zügen der Deutschen Bundesbahn ist in Regionalzügen möglich. Auskünfte hierzu erhalten Sie an den jeweiligen Bahnhöfen.

Biergarten im Kloster Oberschönenfeld

Die Ludwig-Ganghofer-Hütte

Im August 1985 wurde diese Rasthütte des Naturparkvereins feierlich eröffnet. Das schmucke Blockhaus unterhalb der ehemaligen „Schneeburg“ (ein Rundwanderweg führt zu den verbliebenen Wällen) südlich von Welden lädt zu erholsamer Rast ein und schützt vor Wind und Regen. Sie liegt nahe des beliebten Landrat-Dr.-Frey-Radwegs. Wanderer auf der Route „Lueg ins Land“ (siehe S. 56) sowie auf dem Anschlußweg von Dillingen zum Schwäbisch-Allgäuer-Weitwanderweg (Augsburg – Sonthofen) kommen direkt an ihr vorbei.
Benannt ist die Hütte nach dem Heimatschriftsteller Ludwig Ganghofer (1855 in Kaufbeuren geboren), der als Sohn des Forstmeisters August Ritter von Ganghofer in Welden seine Jugendjahre verbrachte. Seine bekanntesten Romane, in denen er das Leben seiner oberbayerischen Heimat idealistisch verklärt darstellte, waren unter anderen:
Der Klosterjäger, die Martinsklause, Schloß Hubertus und das Schweigen im Walde. Ganghofer gilt als einer der erfolgreichsten und meistverfilmten Autoren dieses Jahrhunderts.

Die Ganghofer-Hütte bei Welden

Tourenübersicht Radwandern

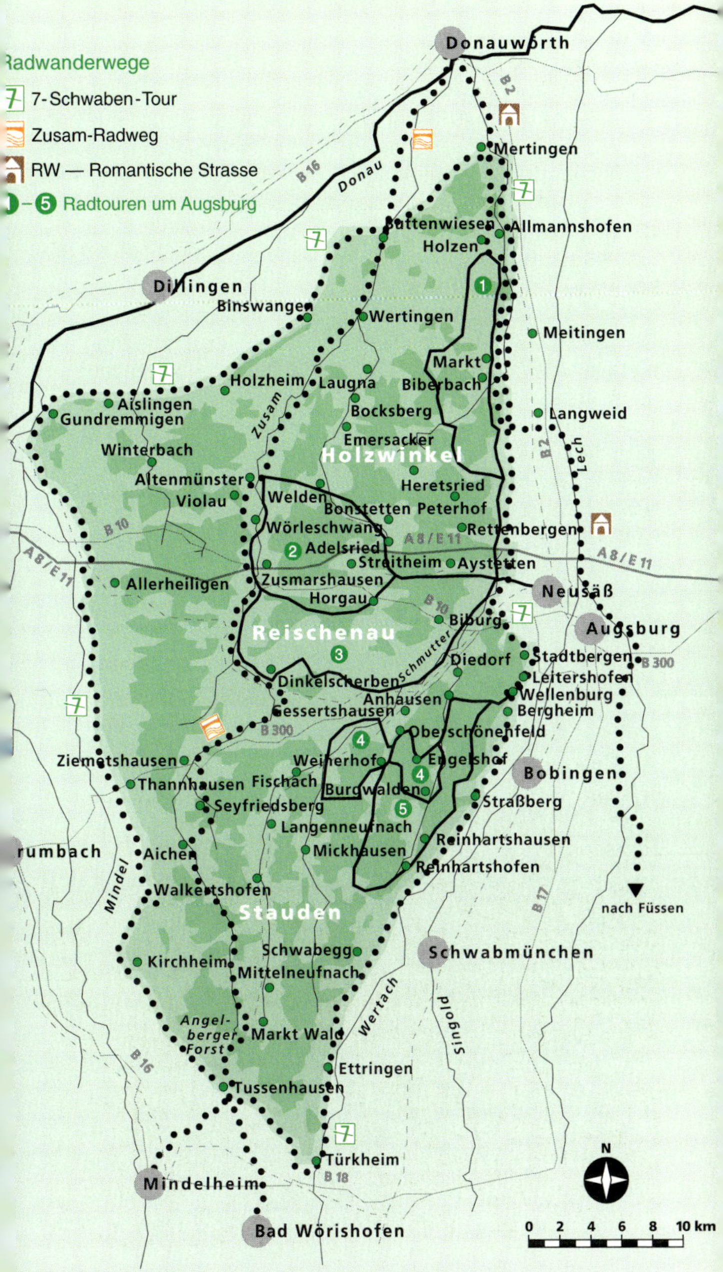

Die 7-Schwaben-Tour

Was Sie erwartet:

„Es begab sich, daß die sieben Schwaben, Blitzschwab, Allgäuer, Gelbfüßler, Knöpfleschwab, Spiegelschwab, Nestelschwab und Seehas in die weltberühmte Stadt Augsburg einzogen, um sich Waffen machen zu lassen; denn sie gedachten, das Ungeheuer zu erlegen, welches zur selbigen Zeit in der Gegend des Bodensees übel hauste".
Auf ihren „Spuren" und rund um den Naturpark führt diese familienfreundliche, wenig anstrengende Rundstrecke.
Ein ausführlicher Tourenprospekt ist beim Naturparkverein für eine Schutzgebühr von 1,50 DM erhältlich.

Streckencharakterisierung:

Gesamtlänge:	220 km
Streckenabschnitte 1 und 2:	90 km
Streckenabschnitte 3, 4 und 5:	130 km
Asphaltierte Wege:	156 km
Davon öffentliche Radwege:	rd. 40 km
Geschotterte Feld- und Waldwege:	64 km

Verkehr: überwiegend Kfz.-freie oder wenig befahrene Straßen; auf einigen Ortsdurchfahrten stärkerer Verkehr
Steigungen: 8 Anstiege mit jeweils etwa 50 Höhenmetern
Für Kinder ab 10 Jahren mit eigenem Fahrrad geeignet

Die Routenbeschreibung

Wer mit der Bahn am Hauptbahnhof Augsburg ankommt, dem sei einleitend die etwa 7 km lange Anfahrt zum Startpunkt in Wellenburg beschrieben:
Vom Hauptbahnhof links zur Bahnunterführung der Pferseer Straße; an der Ampel vor der Wertachbrücke links auf den Radweg an der Perzheimstraße. Nach gut 1 Kilometer am Bahngleis rechts über die beiden Wertachbrücken und links weiter auf dem zunächst asphaltierten Radweg, später auf einem schmalem Kiesweg entlang der Wertach bis zur Wellenburger Straße. Hier rechts nach Wellenburg.

Streckenabschnitte 1 und 2:

Von **Wellenburg** (Stadt Augsburg) über **Bergheim, Bobingen, Siebnach** nach **Ettringen** und **Türkheim**

Vom Parkplatz in **Wellenburg** (Minigolf) nach **Bergheim.** Durch den Ort und am Gasthaus links zum Dorfrand. Kurz danach rechts auf dem guten Feldweg südwärts und später links Richtung Wertachbrücke bei **Bobingen.** Nun rechts (südwärts) weiter – an Bobingen-Siedlung vorbei – und links über die Wertach. Nach der Brücke leitet der Weg rechts an der Wertach entlang zur nächsten Straßenquerung.
Hier erneut rechts über die Wertachbrücke und dann den linken Feldweg (nicht die Straße entlang der Wertach!) wählen. Er führt zum Naturparkrand, dann im Mischwald steil hinauf und schließlich nach **Reinhartshofen.**
Nach weiteren 2 Kilometern südwärts wird das Privatschloß Guggenberg erreicht. Anschließend steil hinunter ins Tal und rechts auf dem Radweg zum Naturparkrand bei **Leuthau.**
(Links führt der Radweg zum 3 Kilometer entfernten schönen

Schwabmünchen. Der idyllische Luitpoltpark und das Heimatmuseum sind besonders empfehlenswert).
Links, an der Wertachleite entlang, über **Schwabegg** und **Aletshofen** zum landschaftlich schönen Kirch-Siebnach und nach **Siebnach.** Im Süden des Dorfes, kurz vor dem Wasserrad einer ehemaligen Mühle biegt der Radweg rechts ab und bringt uns nach **Ettringen** und weiter zum Radweg nach **Türkheim.**

Von **Türkheim** über **Tussenhausen** nach **Kirchheim** und **Thannhausen**

Der Radweg nach **Unterrammingen** verläuft im Talgrund der Flossach. Nach dem Ort schwenkt der Radweg nach Norden auf **Tussenhausen** zu. Dann durch Zaisertshofen und auf der Staatsstraße 2026 Richtung **Markt Wald** bis zum Westerbach. Landschaftlich besonders reizvoll sind die folgenden 5 Kilometer bis **Mörgen** (bitte Vorsicht: der Wegezustand bei der Durchquerung eines kleinen Wäldchens ist leider oft mangelhaft).
Vom nahegelegenen Spöck mit herrlichem Blick nach Süden geht es zum attraktiven **Markt Kirchheim.** Vom Marktplatz flott hinunter nach Derndorf und dort – an der zweiten Kurve geradeaus – in das weitläufige Mindeltal.
Rechts der Mindel an mehreren Kiesweihern (teilweise Baden erlaubt) vorbei werden schließlich **Nettershausen** und **Thannhausen** erreicht.

Streckenabschnitte 3, 4 und 5:

Von **Thannhausen** über **Jettingen-Scheppach** und **Burgau nach Aislingen**

Westlich von **Thannhausen** über **Oberrohr** und rechts angenehm auf der Kreisstraße weiter.
In **Kemnat** an der Kreuzung rechts **(Richtung Burtenbach)** und kurz danach auf einen Seitenweg links. Danach geht es – überwiegend asphaltiert – auf zahlreiche Kies- und Badeweiher unterhalb von **Eberstall** zu.
An **Jettingen-Scheppach** führt westlich des Ortes der kaum befahrene Weg nahe des Privatschlosses zur Straße Richtung **Goldbach.**
Nach Überqueren der Mindel biegt man rechts ab und fährt zur Scheppacher Mühle. Dann, vor der Bahnunterführung, links über die Bundesautobahn und vorbei an einem Zelt- und Campingplatz nach **Burgau.** Am östlichen Stadtrand entlang wird schließlich der Radweg nach **Mindelaltheim** und damit der Anstieg in den Naturpark Augsburg – Westliche Wälder erreicht.

Gut 50 Höhenmeter sind dort zu bewältigen. Dann auf dem Radweg von **Dürrlauingen** nach **Mönstetten** und über **Baumgarten** hinunter zum **Markt Aislingen.**

Von **Aislingen** über **Holzheim, Binswangen** und **Buttenwiesen** nach **Mertingen**

Die Route verläuft weitgehend auf dem Radweg entlang der Staatsstraße 2028. Nach **Eppisburg** auf der meist verkehrsarmen Staatsstraße nach **Binswangen.**
Am Zollhaus hinter Binswangen links ab von der öffentlichen Straße auf die geschotterte Römerstraße entlang der Donauleite (Naturparkgrenze).
Stille und Idylle – so erleben wir auf den folgenden 8 Kilometern bis **Pfaffenhofen** die 7-Schwaben-Tour.
Über das angrenzende **Buttenwiesen** gelangen wir auf dem Radweg entlang der Staatsstraße 2027 nach **Lauterbach** (Freibad). Am Ortsrand weiter auf der Römerstraße durch den Mertinger Forst und schließlich nach **Mertingen.**

Von **Mertingen** über das **Kloster Holzen** und **Biberbach** nach **Neusäß** und **Wellenburg**

Am südlichen Ortsrand Mertingens geht es auf dem Radweg entlang der Kreisstraße zunächst bergauf nach **Druisheim;** nach dem Anstieg Richtung **Allmannshofen** sind die Naturparkhöhen erreicht.
Zunächst radeln wir bis zum barocken Kloster Holzen – eine Rast mit Besichtigung wird dringend empfohlen.
Dann geht es mit schönem Ausblick hinunter ins Tal des Flüßchens Schmutter und über **Blankenburg** nach **Kühlenthal** und weiter nach **Markt** und **Biberbach** mit seiner „überragenden" Wallfahrtskirche.
Am Ortseingang von **Eisenbrechtshofen** gilt es aufzupassen: zunächst links Richtung Zollsiedlung, kurz darauf rechts auf den Feldweg östlich der Schmutter. Bei **Batzenhofen** quert die Tour die Kreisstraße und führt zunächst auf einem Feldweg westlich an **Hirblingen** vorbei. Dann wird die Bundesautobahn A 8 überquert. Schließlich erreichen wir den Ortsrand von **Täfertingen,** wo die Tourenmarkierung rechts auf den Hammelberg zeigt. Nach dem Anstieg links am Waldrand entlang durch **Hammel** und weiter südwärts durch **Ottmarshausen.**
Hainhofen, Vogelsang und – nach einem letzten kräftezehrenden Anstieg – **Steppach** heißen die weiteren Ortschaften.
Schließlich noch durch **Stadtbergen** und **Leitershofen** bis zum Ausgangspunkt **Wellenburg.**

Der Zusam-Radwanderweg

Was Sie erwartet:
Die Zusam gilt zu recht als eines der reizvollsten Fließgewässer dieses Schutzgebietes. Sie entspringt im Süden des Naturparks, bei Markt Wald, und zieht ihren geschwungenen Lauf bis Donauwörth. Hier mündet sie in die Donau.
Mit dem Zusam-Radwanderweg erschließt sich Ihnen unsere herrliche mittelschwäbische Kulturlandschaft. Einen ausführlichen Tourenprospekt erhalten Sie beim Naturparkverein für eine Schutzgebühr von 1,50 DM.

Streckencharakterisierung:

Länge Bad Wörishofen – Donauwörth:	96 km
Asphaltierte Wege:	82 km
Davon öffentliche Radwege:	16 km
Geschotterte Feld- und Waldwege:	14 km
Länge Mindelheim – Donauwörth:	92 km
Länge Augsburg – Eppishofen:	32 km
Länge Dillingen – Eppishofen:	20 km

Verkehr: überwiegend Kfz.-arme Straßen oder Feldwege
Steigungen: 2 steile Anstiege, ansonsten nur kleinere Steigungen
Für Kinder ab 10 Jahren mit eigenem Fahrrad geeignet

Die Routenbeschreibung

Streckenabschnitt 1:

Von Bad Wörishofen:

Vom Bahnhof der Kneipp-Stadt **Bad Wörishofen** aus auf der Bahnhofstraße stadteinwärts und auf der Kathreinerstraße und der Hahnenfeldstraße zum Stadtrand. Am Wald entlang führt das Sträßlein nach **Kirchdorf.**
An der Kirche vorbei durch den Ort und nach **Rammingen.** Hier auf der Hauptstraße durch das Straßenangerdorf. Die Mattsieser Straße führt westwärts zum Dorfrand; dann rechts weiter zum Radweg nach **Tussenhausen.**

Von Mindelheim:

Vom Bahnhof **Mindelheim** auf der Bahnhofstraße Richtung Innenstadt. Bald rechts in die Gabelsbergstraße und geradeaus zur Einmündung in die Landsberger Straße. An der Ampel über die Straße und rechts auf die Ramminger Straße, dann links in den Hohen Weg und zum Stadtrand. Auf dem Radweg mit schöner Baumallee zur Kreisstraße und auf dieser nach **Nassenbeuren.** Nun an der Pfarrkirche vorbei ostwärts hinauf zum Wald und durch das abgelegene Hierbachtal zur Kreisstraße und zum Ortsrand von **Mattsies.** Schließlich links nach **Tussenhausen.**

Ab Tussenhausen:

Vom Marktplatz von **Tussenhausen** fahren wir zur Zaisertshofer Straße, kurz rechts, anschließend links in die Bergstraße und auf dem bald geschotterten Weg steil bergauf zum Angelberg. Dort überqueren wir die Kreisstraße und radeln auf dem zunächst asphaltierten Weg nordwestwärts.

Herrlich ist der Ausblick nach Süden. Nun auf der Straße rechts zum Ziegelstadel und in den Wald.

Abstecher: (Am Ende des Waldstücks führt links ein Waldweg nach 300 m zur Quellfassung der Zusam mit Erläuterungstafel).

Auf der Teerstraße kommen wir nach **Markt Wald.**

Am Ortseingang zweigt links ein Feldweg ab, der zu einer nahegelegenen Wassertretanlage führt.

Im „Fuggermarkt" fahren wir bald links auf der Fahrstraße nach **Bürgle.** In flotter Fahrt geht es hinunter ins Zusamtal.

Empfehlenswert ist es, an der Linkskurve bei **Bürgle** geradeaus zum Ort und – nordwestlich des Dorfes – hinauf zum Christoph-Scheiner-Aussichtsturm zu fahren.

Die nächsten 10 Kilometer führen auf der wenig befahrenen Kreisstraße 23 über **Immelstetten** nach **Könighausen** und auf der Staatsstraße 2027 über **Obergessertshausen** nach **Aichen.** Am Ortsende verlassen wir die Straße unmittelbar vor der Zusambrücke nach links. Auf dem Talweg gelangen wir nach 2 km zum Dorf **Memmenhausen.**

Hier durch den Ort und steil hinauf zum Wald. Die ruhige Straße führt ins enge Tal des Lauterbachs und – als Kiesweg – nach **Bauhofen.** Der Aufstieg zur Wallfahrtskirche Maria Vesperbild wird nochmals anstrengend.

Maria Vesperbild gehört zu den beliebtesten Ausflugszielen. Wenige Fahrradminuten Richtung **Langenneufnach** befindet sich der sehenswerte Schloßpark Seyfriedsberg.

Entlang einer eindrucksvollen Lindenallee führt uns ein Radweg schnell hinunter nach **Ziemetshausen.** In der Ortsmitte, nach dem Bahngleis, **zweimal rechts** und nach dem Gleis links zum Ortsrand und Richtung **Uttenhofen.** Vor **Uttenhofen,** nach dem Bahngleis, links auf dem Kiesweg weiter bis kurz vor **Reischenau.** Dort links nach **Oberschöneberg** und auf dem Radweg zur Bahnunterführung und nach **Dinkelscherben.**

Dort rechts in die Schäfflerstraße (links der Bahnhof) und vor dem Bahngleis rechts nach **Fleinhausen** und **Gabelbach.** Nun an der sehenswerten Kirche (Kirchgasse) vorbei zur Kreisstraße und rechts hinunter zur Zusambrücke am Jugendzeltplatz Rücklenmühle. Dann an der Staatsstraße links auf einem Radweg nach **Zusmarshausen.**

Streckenabschnitt 2:

→ Von **Zusmarshausen** nach **Donauwörth**

Vom Marktplatz in **Zusmarshausen** aus links auf der Ulmer Straße hinunter zur Zusam und auf dem Radweg entlang der Bundesstraße – vorbei an **Friedensdorf** und unter die Autobahn

hindurch – zur Abzweigung nach **Wollbach.**
Im Dorf an der Einmündung der Zusmarshauser Straße nach rechts und am Ortsrand links in den Riedweg.
Im landschaftlich herrlichen Wald- und Wiesental der Zusam gelangen wir auf dem zunächst asphaltierten Weg zum Wald und zum Ortsrand von **Wörleschwang.**
<u>**Variante:**</u> Das 2,5 km entfernte **Violau** (siehe Beschilderung) ist ein lohnendes Ziel. Neben der an Votivtafeln reichen Kirche ist dort die bekannte Sternwarte (Gruppenführung auf Anfrage, Tel.: 0 82 95/8 40). Man fährt entweder zurück nach **Wörleschwang.** Kürzer ist es, von **Violau** direkt nach **Altenmünster** zu radeln.
Vor **Wörleschwang** auf der Staatsstraße über die Zusam und gleich links in die Breitwies.
Auf dem zunächst gekiesten, nach Überqueren der Straße von **Reutern** asphaltierten Weg taucht **Eppishofen** auf.
Vorbei an einer hübschen Kapelle fahren wir an der Einmündung in die Reutener Straße links hinunter zum Ortsrand von **Altenmünster.**
Hier treffen die Anbindungswege von **Augsburg** sowie von **Dillingen** auf den Zusam-Radwanderweg.
Nun rechts auf der Weldishof-Straße nach **Zusamzell** und auf der St.-Nikolaus-Straße durch den Ort. Eine Besonderheit stellt der mit zahlreichen Türmchen bestückte gotische Turm der kleinen Dorfkirche dar. Die Abzweigung nach rechts in die Hegnenbacher Straße (Richtung Klärwerk) sollte nicht verpaßt werden.
Hegnenbach und **Rischgau** sind die nächsten Ortschaften, bevor an der Kreisstraße bei **Zusamaltheim** zweimal – zunächst links, dann an einem schönen Bildstock wieder rechts – die Zusam überquert wird. Der angenehme Weg führt nach **Gauried.** Etwas grob geschottert ist der kurze Abschnitt bis zur Kreisstraße. Links erreichen wir dann den Ortsrand von **Roggden** und fahren auf dem Sportplatzweg und dem anschließenden Radweg nach **Wertingen.** In **Wertingen** führen der Gießeweg und dann die Zusmarshauser Straße Richtung Innenstadt. Rechts, auf der Schulstraße und vorbei am Rathaus, gelangen wir zum Marktplatz (Bushaltestelle). Auf der Alemannenstraße bergab weiter und schließlich auf der Industriestraße links zum Stadtrand. Auf dem schönen Asphaltweg radeln wir nun problemlos nach **Unterthürheim.** Im Ort rechts und zur nächsten Kreuzung. Hier links und an der folgenden Abzweigung erneut links den Herrenberg hinauf. Dann rechts in die Friedhofstraße. In **Pfaffenhofen** rechts zur Kirche hinunter und wieder links (Richtung **Tapfheim**) zum Ortsrand. Nach etwa 1 Kilometer geht rechts die Straße Richtung **Zusum/Donauwörth** ab. Wir befinden uns zugleich auf dem Donau-Radwanderweg. Nach etwa 11 ruhigen Kilometern erreichen wir Donauwörth.

Die Anbindungswege von Augsburg und Dillingen:

Insgesamt 30 Kilometer weit ist es vom Stadtzentrum **Augsburgs** bis zur Anbindung an den nördlichen Teil des Zusam-Radwanderweges in **Eppishofen:**
Vom Hauptbahnhof Augsburg auf der Viktoriastraße nordwärts, dann kurz rechts auf der Fröhlichstraße und gleich wieder links auf der Sieglindenstraße durch die Bahnunterführung zur Rosenaustraße. Rechts führt ein Radweg stadtauswärts. Entlang der Bürgermeister-Ackermann-Straße gelangen wir nach etwa 4 Kilometern zur ersten Ampel vor **Steppach.** Hier rechts ab und gleich wieder links nach **Steppach.** Am Ortsanfang rechts auf die Steppacher Straße. Nach Überquerung der Westheimer Straße auf der Oskar-von-Miller-Straße zum Bahndamm in **Neusäß.** Auf dem Weg vor dem Bahnkörper links, dann durch die Bahnunterführung und zum Landrat-Dr.-Frey-Radweg. Die 18 Kilometer lange, asphaltierte Strecke entlang der stillgelegten Weldenbahn bringt uns in angenehmer Fahrt – vorbei an **Aystetten, Adelsried** und **Bonstetten** – nach **Welden.**
Dort zuerst auf der Oberen Bahnhofstraße, dann 200 m auf der stark befahrenen Bahnhofstraße (Vorsicht!) zur Ortsmitte. Vor der sehenswerten Pfarrkirche links auf der Klostergasse hinauf zum Wald und weiter nach **Reutern.** Vierhundert Meter nördlich des Ortes biegt links ein Kiesweg zum Wald ab. Im Wald links angenehm hinunter nach **Eppishofen** und zum Zusam-Radwanderweg.

Der Anschlußweg von Dillingen nach Altenmünster

Von der Innenstadt **Dillingens** über den Georg-Schmid-Ring (am westlichen Altstadtrand bei der Studienkirche) zur Donau-Staustufe. Nach Überquerung des Wasserkraftwerkes nach links, bereits nach 150 m rechts in den Auwald und geradeaus – vorbei am Einzelgehöft „Riedwirtshaus" (kein Gasthaus!) über die Glött entlang von Badeseen im entstehenden Naherholungsgebiet „Glötter Ried" nach **Weisingen.** Dort auf der Hauptstraße bis zur Kirche. Dann rechts entsprechend dem Wegweiser nach **Altenbaint.** Die Reichenbachstraße führt nun in den Weisinger Forst. Gut 5 Kilometer sind es auf den kiesigen Waldwegen bis **Hennhofen.** Auf dem Radweg entlang der Hauptstraße wird schließlich **Altenmünster** erreicht.
Durch **Altenmünster** Richtung **Eppishofen** kommen wir zum Ortsrand und zum Anschluß an den Zusam-Radwanderweg.

Fünf Rad-Rundtouren mit Ausgangspunkt Augsburg

(Prospekt: „Neue Radler-Lust“: Regio Augsburg Tourismus GmbH, Bahnhofstraße 7, Augsburg;
Tourenbuch von Dr. H. Volkmann, siehe S. 176).

1 Bayerisch-Schwäbische Barockperlen

Die Tour in den nördlichen Teil des Naturparks Augsburg – Westliche Wälder bietet prächtige Beispiele schwäbischer Barockkultur. Sie führt durch das sonnige Schmutter- und Lechtal, ideal also schon im zeitigen Frühjahr.
Tourenlänge: 61 km

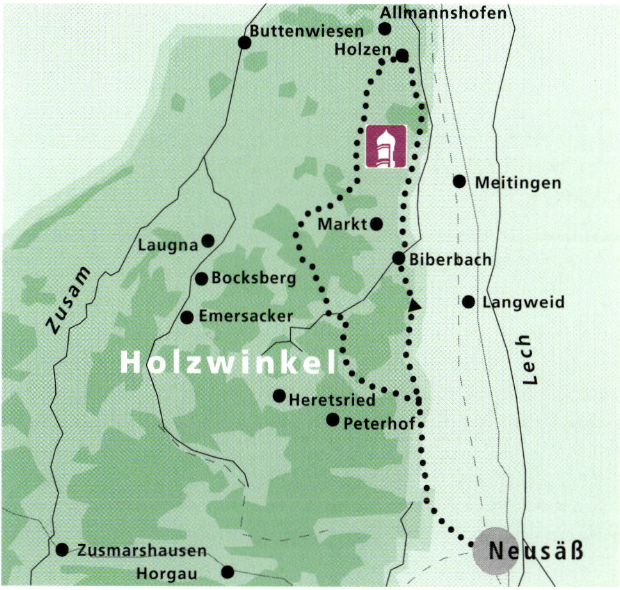

Verlauf:
Neusäß (Festplatz) – Hammel – Batzenhofen – Biberbach (Wallfahrtskirche) – Markt (Fuggerschloß, Kirche) – Kühlenthal – Kloster Holzen (Gartenwirtschaft) – Ehingen – Langenreichen – Rieblingen – Feigenhofen – Muttershofen – Lützelburg – Gablingen – Batzenhofen – Neusäß

2 Auf Ludwig Ganghofers Spuren in den „Schwäbischen Holzwinkel"

Ludwig Ganghofer, Vater des deutschen Heimatromans, ist in und um Welden aufgewachsen. Der asphaltierte Landrat-Dr.-Frey-Radwanderweg führt auf der Trasse einer stillgelegten Bahnstrecke hinaus in den waldreichen, landschaftlich reizvollen Schwäbischen Holzwinkel, wo nicht nur keltische Viereckschanzen und sehenswerte Barock- und Wallfahrtskirchen locken, sondern auch zahlreiche Gaststätten einladen.

Tourenlänge: 55 km

Verlauf in Kürze:

Neusäß (Festplatz) – Aystetten – Adelsried – Welden (Ganghofer`sches Forsthaus, barocke Pfarr- und Theklakirchen) – Reutern – Altenmünster – Violau (Wallfahrtskirche) – Wollbach – Zusmarshausen – Rothsee (Bademöglichkeit) – Bieselbach (spätgotischer Kapellenaltar) – Horgau (Barockkirche) – Horgauergreut – Aystetten – Neusäß

3 Sonnige Reischenau

Eine sonnige Radtour auf zumeist ebenen Wegen und Nebenstrecken durch die Wiesen des Schmutter-, Zusam- und Rothtales ins Herz des Naturparks Augsburg – Westliche Wälder. Am allerschönsten Anfang Mai, wenn der Löwenzahn die Landschaft gelb färbt. Kulturliebhaber sollten sich auf Dinkelscherben, Bieselbach, Zusmarshausen und Horgau an der alten Römer- und kaiserlichen Reichsstraße freuen.

Tourenlänge: 53 km

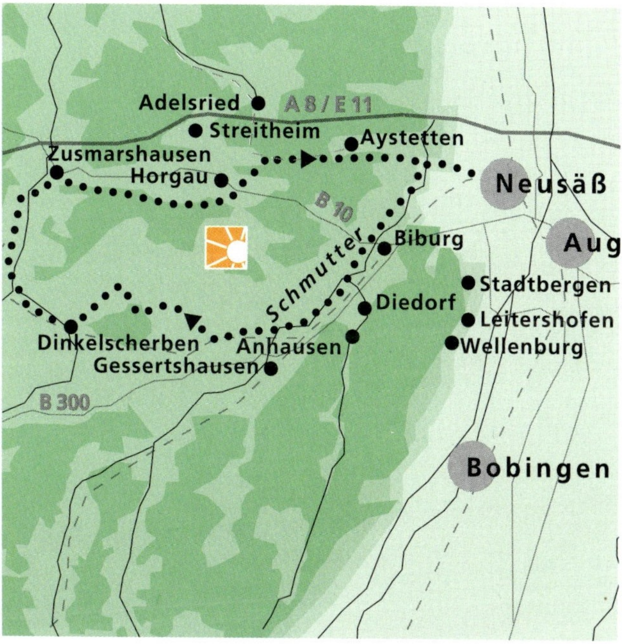

Verlauf in Kürze:

Neusäß (Festplatz am Landrat-Dr.-Frey-Radweg) – Hammel – Schlipsheim – Oggenhof – Hausen – Kutzenhausen – Buch – Häder – Lindach – Dinkelscherben (Museum) – Fleinhausen – Gabelbach – Zusmarshausen – Rothsee (Bademöglichkeit) – Bieselbach (spätgotischer Kapellenaltar) – Horgau (Barockkirche) – Aystetten – Neusäß

4 Der Schwäbische Mozartwinkel

Über Waldwege und verkehrsarme Nebenstraßen geht es durch hügeliges Land hinaus in die „Stauden". Hier waren die bäuerlichen Urahnen von Wolfgang Amadeus Mozart zu Hause (Informationstafel in Fischach-Heimberg). 600 Mozartfamilien, jede mächtig stolz auf ihren großen Sohn, lebten nachgewiesenermaßen in dieser Gegend.
Das Kloster Oberschönenfeld beherbergt das Schwäbische Volkskundemuseum und das Naturpark-Haus.

Tourenlänge: 45 km

Verlauf:

Wellenburg – Anhausen (Mozartkirche) – Oberschönenfeld (Klosterkirche, Museen) – Margertshausen – Wollishausen – Aretsried – Heimberg (Mozarthof) – Fischach (jüdischer Friedhof) – Willmatshofen – Itzlishofen – Weiherhof – Oberschönenfeld – Anhausen – Wellenburg

5 Waldidyllen im Naturpark Augsburg – Westliche Wälder

Früher verbrachten die Fugger und ihre hohen Gäste hier im Süden des heutigen Naturparks ihre Sommerfrische. Ursprüngliche, stille Dörfer liegen eingebettet in schmale Wiesentäler einer weiten Waldlandschaft. Höhepunkte sind das Anhauser Tal bis Burgwalden und zum Engelshof, die Wallfahrten Waldberg und Klimmach und für Roy Black-Fans seine letzte Ruhestätte in Straßberg.

Tourenlänge: 47 km

Verlauf in Kürze:

Wellenburg – Anhausen – Burgwalden – Scheppacher Kapelle – Weiherhof – Waldberg – Klimmach – Reinhartshofen (Badeweiher) – Straßberg – Rauher Forst – Wellenburg

Commerzienrat Riegele braut sein Bie
mit den besten Rohstoffen der Regio
Wandern Sie durch die Natur und
genießen Sie das Ergebnis:
Commerzienrat Riegele Privat

Wandern im Naturpark

Das Wandern ermöglicht den intensivsten Kontakt mit Land und Leuten.
Der Naturparkverein hat unterschiedliche Arten von Wanderwegen ausgewiesen:

Weit über 50 Rundwanderwege, meist zwischen 5 und 15 Kilometer lang, bieten sich für Spaziergänge und kleinere Wanderungen an und führen zum Ausgangspunkt (oft ein Parkplatz) zurück. Sie sind nur in einer Richtung (siehe Naturpark-Karte) mit grün umrandeten Schildern mit grünen Wanderern markiert. Die Schilder sind teilweise schwarz beschriftet. Etwa die Hälfte der Rundwanderwege ist in diesem Büchlein beschrieben.

Rot umrandete Schilder mit roten Wanderern weisen auf einen übergeordneten Wanderweg hin. Sie durchziehen den Naturpark nach allen Richtungen und leiten, wie die Beschriftung der Schilder andeutet, zu entfernteren Zielorten.

Die Verläufe des „Schwäbisch-Allgäuer-Weitwanderwegs" von Augsburg nach Sonthofen bzw. seines Anbindungswegs von Dillingen nach Augsburg sind durch blaue Kreuze und Holzschilder kenntlich gemacht.

Der gut 90 km lange Wanderweg „Lueg ins Land" von Türkheim nach Wertingen (sowie umgekehrt) ist mit speziellen, roten Schildern markiert.

In der aktuellen **Wander- und Radwanderkarte „Naturpark Augsburg – Westliche Wälder"** (1:50000) sind alle markierten Wanderwege dargestellt:
Rundwanderwege sind rot punktiert, alle anderen Wanderwege sind mit durchgezogen roter Linie dargestellt.
Die speziell markierten Wege sind in unserer Karte ab der 6. Auflage zusätzlich durch das entsprechende Symbol hervorgehoben.

Übersichtskarte mit Weitwanderwegen

Der Schwäbisch-Allgäuer-Weitwanderweg

Abschnitt Leitershofen – Tussenhausen

(Spezielles Tourenbuch siehe unter Schmidt Hans, S. 176)

Was Sie erwartet:
Der mit blauen Kreuzen markierte Weg – einschließlich des Anschlußweges von Dillingen – bietet dem Wanderer die Möglichkeit, den Naturpark von Norden bis Süden zu durchwandern. Weiterführung bis Sonthofen (Allgäu).
Der Anschlußweg von Dillingen ist hier nicht beschrieben.

Leitershofen (P 8) – Reinhartshofen: rund 5 Std.
Reinhartshofen – Tussenhausen: rund 8 Std.

Streckenbeschreibung 1. Etappe

In Leitershofen, südwestlich von Augsburg am Rand der „Westlichen Wälder" gelegen, beginnt unsere Wanderung durchs Alpenvorland. Ausgangspunkt ist der Parkplatz P 8 am Waldrand im Westen von Leitershofen.
Zuerst verläuft der Weg 10 Minuten westwärts hinauf zum Herrgottsberg, dann geht es im rechten Winkel nach links – vorbei an der Augsburger Hütte – und bald in Richtung Burgwalden nach rechts hinunter zum Wellenburger Weiher.
Auf der Wellenburger Straße gehen wir zunächst bergan, nach 500 m nach links, westwärts. Die blauen Kreuze leiten schließlich an einer Weggabelung nach links hinunter ins Anhauser Tal. Die Markierung führt nun zunächst am Waldrand, später im Wald am östlichen Talrand entlang nach Süden. Geradeaus, vorbei am „Webers Brünnele", kreuzt uns nach 400 m ein Waldweg. Links (östlich) liegt die Maderquelle.
Rechts auf dem Waldweg über den Bach gelangen wir auf die Forststraße. Links, entlang einer ganzen Reihe von Weihern, deren Wasserflächen den nahen Waldrand und die umstehenden Büsche und Schilfgräser widerspiegeln, wird Burgwalden und 10 Min. später – nach links abbiegend – die Buchkopfquelle erreicht.
Vom hübschen Rastplatz am Brunnen steigen wir nach Osten bergan. Nach einer Viertelstunde, wenn die kleine Straße die Waldhöhe erklommen hat, schwenken wir nach rechts und queren, der blauen Markierung folgend, nach gut 3 Kilometern die Kreisstraße. Vorsicht!
Gegenüber, am Parkplatz P 63, geht es wieder ins „Holz" und wir genießen von neuem das friedvolle Dahinwandern. „Bei den fünf Wegen" heißt die mehrfache Wegegabelung bald nach der Autostraße.
Nach etwa 1,5 km kommt man zu einem Straßen-Dreieck, wo nach links bergan Reinhartshofen auf direktem Weg erreicht werden könnte. Wir aber wenden uns nach rechts hinab in die landschaftlich reizvolle Mulde, in die der Weiler Hardt eingebettet ist. Eine stattliche Allee führt zum Gutshof. An der hohen Mauer links wandern wir weiter, überqueren den Anhauser Bach und erreichen durch den Wald und vorbei an mehreren Weihern das am Wiesenhang liegende Dorf Reinhartshofen.

2. Etappe

Südlich von Reinhartshofen gehen wir einige Schritte talwärts, biegen aber gleich wieder nach rechts auf einen Fahrweg ab, der am Waldrand und im Wald zum Schloß Guggenberg (privat) führt. 1 Kilometer südlich des Gutes kurz rechts und bald wieder links, wird der Parkplatz an der Fahrstraße Schwabmünchen-Mickhausen bei Leuthau erreicht. Hier sieht man bei gutem Wetter zum ersten Mal die Umrisse der Alpen. 200 m westlich, an der Gabelung nach Klimmach, überqueren wir die Straße und wandern in den Wald. Unser Weg fällt in gemächlichen Schleifen in das Schwarzachtal ab, überquert den Bach und führt etwa 150 m danach als Pfad scharf links ins Gehölz hinein. Nach einem mäßigen Anstieg im Wald trifft man auf den von Leuthau herabkommenden Fahrweg. Auf ihm 50 m nach rechts, dann wieder links weiter. Im Wald, später auf einem Steg über die Schwarzach und am Waldrand entlang, wandern wir südwärts und überqueren dabei kurz nacheinander zwei Teerstraßen aus Schwabegg. Bei einem großen Stadel wendet sich unser Weg nach Osten und führt an einem Feldkreuz vorbei hinauf zum Ortsrand von Schwabegg.

Weiter geht es nach Süden!

Bald nach den letzten Häusern von Schwabegg erreicht man den Parkplatz P 26 am Schloßberg. Hier beginnt ein von Naturparkverein und Staatl. Forstamt Schwabmünchen angelegter geschichtlicher und naturkundlicher Lehrpfad, der etwa 1 km lang durch Edellaubholz- und Fichtenbestand rund um die „Haldenburg" führt.

Vom Parkplatz wandern wir erst am Waldrand entlang, dann 800 m im Wald bis zu einer Kreuzung. Dort links geradewegs nach Süden der Markierung folgen. Ein sehr kurzer Abschnitt wird dabei zum unbequemen Pfad; insbesondere nach Regenfällen ist etwas Vorsicht geboten!

Halbrechts erscheint bald ein Waldweg, der uns bergab zur Staatsstraße Hiltenfingen-Mittelneufnach und rechts auf dieser nach Forsthofen bringt. Auf der Straße erreichen wir dann bald Traunried.

Nahe des Gasthauses von Traunried müssen wir südwärts den Hügel Richtung Geisberg hinauf, biegen am Waldrand kurz rechts ab, um anschließend links in den Wald und weiter zum Waldrand über dem lieblich in eine grüne Hügelmulde eingebettete Kirch-Siebnach mit seiner sehenswerten Kirche zu wandern. Vor dem ersten Hof wenden wir uns in spitzem Winkel nach Westen und steigen am Wald bergauf.

Ein herrliches Wegstück, insbesondere im Frühling, wenn Ginster und Löwenzahn blühen.
Vom Einödhof nach Süden erreichen wir bald eine Teerstraße, die hinunter zur Kreisstraße bei Siebnach führt.
Wir gehen nur 200 m die Straße abwärts und biegen dann wieder nach rechts ab.
Ein hübsches Wegstück folgt am Waldrand zur Unterführung des stillgelegten „Staudenbähnle", der Eisenbahn von Türkheim über Ettringen ins Neufnachtal.
Gleich hinter der Bahnunterführung zweigt der Weg rechts in den Wald ab. Es folgen nun 6 Kilometer, die sich durch Stille und Abgeschiedenheit auszeichnen. Den blauen Kreuzen folgend, führt der Waldweg zunächst südwestwärts, dann nach Westen weiter und biegt schließlich – knapp 1 Kilometer nach der Unterführung – scharf links ab, hinunter zum Quellgebiet des Baches „Neufnach".
Nach 200 m talabwärts folgt links der Anstieg im Wald.
Nach knapp 1 Kilometer (ca. 20 Min.) heißt es, die Abzweigung nach rechts, Richtung Tussenhausen, nicht zu verpassen. Von hier aus sind es noch etwa 3 Kilometer zum Markt Tussenhausen und damit zum Rand des Naturparks Augsburg – Westliche Wälder.
Ein schöner Blick auf das näher gekommene Hochgebirge, angefangen weit rechts bei den Allgäuer Alpen, die Berge rund um Füssen, links die Ammergauer Berge und bei guter Sicht auch das Wettersteinmassiv mit der Zugspitze – lockt zum Weiterwandern; zumindest bis Bad Wörishofen oder Mindelheim, den nächstgelegenen Bahnstationen.

In den Stauden

Der Wanderweg „Lueg ins Land"

von Türkheim nach Wertingen

Was Sie erwartet:

Bäche und Flüsse begleiten den Wanderer auf seinem Weg über Höhen, durch Täler, Wälder und offenes Land.

Die gut 90 km lange, in beiden Richtungen mit speziellen Schildern markierte Wanderung ist hier von Süd nach Nord in drei Tages-Etappen von unterschiedlicher Länge beschrieben:

Türkheim – Walkertshofen	31 km = 7 Std.
Walkertshofen – Dinkelscherben	22,5 km = 5 Std.
Dinkelscherben – Wertingen	38 km = 8 Std.

1. Etappe: Vom Wertachtal zur Zusamquelle und nach Walkertshofen

Vom Bahnhof Türkheim – von Augsburg, Memmingen oder München mit der Bahn bequem zu erreichen – gelangen wir auf einem straßenbegleitenden Weg zum Markt (Buslinie nur werktags und Samstag früh). Nach Durchquerung Türkheims geht es ansteigend, vorbei am Golfplatz, zum Weiler Berg. Dann in die ausgedehnten Waldungen des Angelberger Forstes.

Nach etwa 500 m vom Waldrand an einer Forststraßenkreuzung mit auffallender Buche rechts ab nach Norden und – sich rechts haltend – Richtung Waldrand. Kurz davor scharf links zur Kreisstraße Ettringen-Tussenhausen. Hier rechts und nach ca. 400 m auf der Straße links in den Talweg. Die Forststraße führt nach wenigen Minuten an einer großen Schilfwiese vorbei, in der die Neufnach entspringt. Für etwa 300 m befinden wir uns nun zugleich auf dem Schwäbisch-Allgäuer-Weitwanderweg (blaue Kreuze). Dieser biegt jedoch an der nächsten Kreuzung links ab, während wir geradeaus voranschreiten. Noch etwa 1Std. bleiben wir auf dem Weg nach Markt Wald, überqueren beim Parkplatz P 75 die Fahrstraße und gelangen zum Ortsteil Ziegelstadel an der Staatsstraße 2026 Mindelheim-Fischach. Auf dieser kurz rechts und nach ca. 400 m links in den Wald Richtung Zusam-Quelle. Kurz danach, vor dem Wald, rechts hinunter zur Wassertretanlage (Trimm-Parcour) und hinauf nach Markt Wald.

Schon bald im Ort geht rechts die Schnerzhofer Straße ab. Der Weg führt an einer weiteren Wassertretanlage vorbei hinunter zum Schnerzhofer Weiher (Bademöglichkeit) und hinauf zur kleinen Dorfkapelle zum Hl. Antonius (1681). Nach Osten durch Schnerzhofen und auf dem nach links abzweigenden asphaltierten Feldweg bergauf. Vor dem Wald rechts, dann nach 200 m links. Der gut markierte Wanderweg führt nun überwiegend im oder am Wald – vorbei an Steinekirch – nordwärts. Schön ist der Blick auf Mittelneufnach kurz nach Querung der Staatsstraße 2027. Die Strecke mündet schließlich vor Grimoldsried in die Fahrstraße ein. Auf dieser geradeaus, an der nahen Staudenkapelle und an Grimoldsried vorbei zum Wald. Am westlichen Waldrand leitet rechts der Grasweg (=Rundwanderweg „Um den Burgberg") mit herrlichem Ausblick hinunter nach Walkertshofen.

2. Etappe: Vom Neufnachtal nach Dinkelscherben

In Walkertshofen geht man vom Parkplatz in Ortsmitte nordwärts. Den Staudenweg bergauf bis zum Ortsende. Am Dorfausgang bei der Wegkreuzung muß gleich links abgebogen werden, bergauf zu einem Wäldchen und an einer Sandgrube vorbei. Nun in den Wald und nach 200 m rechts weiter. Landschaftlich sehr abwechslungsreich führt der Weg durch den Wald. Später leitet er steil bergauf zur Kreuzung der Wanderwege nach Reichertshofen, Hölden und Gumpenweiler. Hier weiter in Richtung Gumpenweiler. Beim Zusammentreffen mit dem von links kommenden Radweg von Aichen müssen wir rechts zum Sträßchen Gumpenweiler-Lauterbach. Hier links bergab, zunächst am Waldrand entlang, bis zur Ortschaft Lauterbach.
Nördlich des Ortes führt der zunächst asphaltierte Feldweg durch das Lauterbachtal und weiter auf Bauhofen zu. 500 m vor dem Ort wechseln wir auf die östliche Talseite und wandern in Waldrandnähe, vorbei an einer kleinen Kapelle, zu den Häusern und dann steil den Wald hinauf zur Grotte und (Fußwegunterführung) zur Wallfahrtskirche Maria Vesperbild. 500 m oberhalb liegt der öffentlich zugängliche Schloßpark Seyfriedsberg.
Entlang der herrlichen Lindenallee führt der Gehweg schließlich hinunter nach Ziemetshausen.
Nach Zusambrücke und Bahngleis in Ziemetshausen (AVV-Buslinie 600 bzw. DB 9861 von Augsburg und Krumbach) gilt es, die Schulgasse und dann rechts Richtung Sportplatz zu wandern. An einem Wegedreieck mit Feldkreuz geht es nach links, nach 50 m rechts zum Waldrand.
An der Weggabelung geradeaus einen alten, teilweise zugewachsenen Hohlweg steil bergauf. Der Weg verläuft zunächst etwa 200 m innerhalb des Waldes.
Dann führt der teilweise schmale Pfad nordwärts durch den Wald, mündet in einen Forstweg und bringt uns schließlich hinunter zur Fahrstraße Uttenhofen-Ettelried.
Wir überqueren diese und gehen links am Tyrolerhof vorbei wieder zum Wald. Nach etwa 300 m tritt der Weg bei einer Wegegabel wieder aus dem Wald heraus. Hier erst die zweite Abzweigung rechts an einer alten Sandgrube bergauf und – wie beschildert – im Zickzackkurs über Saulach zur Ortsmitte von Dinkelscherben.

Die Reischenau

Die 7x8 km große Beckenlandschaft, etwa 25 km westlich von Augsburg, entstand durch die erodierende Kraft der früher weit nach Osten ausladenden Zusam beim Abtauen der eiszeitlichen Gletscher vor maximal 1 Mio Jahren. Die Folge ist, daß die eiszeitlichen Schotter heute als Höhenzüge das Becken begrenzen.
Der Name kommt vom ahd. „ris", mdh. „rusche" und meint Schilf- und Heideflächen, Riedgras und Beerengesträuch.

3. Etappe: Von Dinkelscherben nach Wertingen

Von der Pfarrkirche von Dinkelscherben (Bahnstrecke Augsburg – Ulm: DB-Fahrplan Nr. 981 und AVV-Regionalbahn Fahrplan-Nr. R 6) aus müssen wir zunächst bergauf: Auf der Burggasse und dem Pfarrer-Egger-Weg hinauf zum Kellerberg (Kreuzweg/Grotte). Dort steht die Burgkapelle der ehem. Burg Zusameck.
Am Sportplatz vorbei zur Straße und zum Kreisjugendheim (Landrat-Dr.-Wiesenthal-Haus). Gegenüber ein schöner Naturlehrpfad.
Geradeaus nach Norden und in den Wald (= Rundwanderweg). Nach ca. 500 m links weiter und nach etwa 1,5 km erneut links zur Kreuzung vor dem Steinlachenberg. Hier rechts zu einem Wegstern und erneut rechts in die Senke. Dann hinauf zum Franz-Rödel-Naturlehrpfad und westwärts zum Parkplatz „am Horn". Von hier rechts wenige Minuten nach Zusmarshausen.
Zusmarshausen liegt an der A 8 München-Stuttgart und ist mit den Regionalbuslinien 504 – 506 und 520 des AVV von Augsburg und Wertingen aus gut zu erreichen.
In Ortsmitte zunächst entlang der Wertinger Straße Richtung Autobahn bis zur Umgehungsstraße.
Gegenüber auf dem Fichtenweg in den Wald und hinauf zum Wasserberg.
Nun durch die Autobahnunterführung und rechts der Markierung folgend im Streitheimer Forst bis vor eine Autobahnüberführung. Hier im linken Bogen von der Autobahn weg und hinunter ins Rappental. An der Hubertushütte rechts auf den „Hubertussteig" und aus dem Wald zum asphaltierten Landrat-Dr.-Frey-Weg im Laugnatal.
Auf den nächsten 5 km verläuft unsere Route identisch mit dem Anschlußweg Dillingen – Augsburg des „Schwäbisch-Allgäuer-Weitwanderwegs", der mit blauen Kreuzen markiert ist.
Zunächst rechts 500 m, dann über die Staatsstraße und zum Waldrand. Vorbei an der Ganghofer-Hütte führt der Weg entlang des östlichen Talrandes nach Welden. In Welden auf dem Marktplatz vor dem Rathaus in die Hofstetterstraße.

Diese führt am Ortsende als Landstraße weiter. An der Zufahrtsstraße zur Wertstoffsammelstelle rechts und auf Höhe der Sammelstelle links zum Wald. Dort auf einer von Gras überwucherten Stiege (Vorsicht) und einem daran anschließenden Pfad weiter bergauf zum derzeitigen Waldrand. Weiter zwischen einer Laubwaldschonung und dem rechterhand gelegenen Waldrand auf einer teilweise mit Büschen bepflanzten Zugmaschinenspur zur Forststraße. Nun (siehe Markierung) zur Staatsstraße Welden-Wertingen. Auf dieser kurz rechts, nach 100 m links über die Laugna und gleich wieder rechts am Westrand des Laugnatales entlang. Entweder durch Emersacker oder westlich der Laugna daran vorbei gelangen wir nach Modelshausen und zur Staatsstraße.
Auf der anderen Straßenseite (Vorsicht!) in den Weg „Am Kaag" und (Pfad) meist innerhalb des Waldrandes bergauf.
Oben tritt der Pfad aus dem Wald heraus, es öffnet sich ein schöner Ausblick auf das Laugnatal (Abstecher zur Ruine Bocksberg auf mit Fußgängersymbolen markiertem Pfad). Nun auf einem Feldweg weiter, bald links in den Wald und bergab zu einer Forststraße. Hier wieder links bergab zum Ortsrand von Bocksberg. Jetzt rechts auf einem Feldweg zunächst nach Osten in das Asangholz und hinauf zur Forststraße Affaltern-Laugna. Links bis Laugna. Der Wanderweg führt gut 500 m auf der Fahrstraße zur Abzweigung rechts Richtung Kläranlage. Nun über die Laugna und links bergauf nach Norden. An der Kreuzung auf dem höchsten Punkt müssen wir nun noch links zum Weinberg und am Wasserbehälter vorbei hinunter nach Gottmannshofen (Bushaltestelle) oder nach Wertingen (weitere 20 Minuten).

Josef Stechele, Geschäftsführer des Naturparkvereins 1977-1989

Vom Werden unseres Naturparks

Unser Naturpark entstand nicht von heute auf morgen.
Am Anfang standen eine Vision und Persönlichkeiten, die sich engagiert für deren Realisierung einsetzten.
Die nahen Westlichen Wälder waren wohl schon zur Blütezeit der Fugger im 16. Jahrhundert ein Ausflugsgebiet für „betuchte" Augsburger.
In den 50er Jahren dieses Jahrhunderts beschlossen einige Naturfreunde, diese Kulturlandschaft mit eigens markierten Wanderwegen besser zu erschließen (siehe S.111). Damit lag auch die Idee der Gründung eines Naturparks nahe.
Im Jahre 1974 schließlich gelang es, die erste konkrete Bedingung hin zur Anerkennung des einzigen Naturparks in Bayerisch-Schwaben zu erfüllen:
Der Naturpark Augsburg – Westliche Wälder e.V. als Träger des zukünftigen Naturparks wurde im Rathaus der Stadt Augsburg gegründet.
Bezirkstagspräsident Sieder, Forstpräsident Immerz, Oberbürgermeister Breuer (Stadt Augsburg) und die Landräte Dr. Frey (Augsburg), Dr. Simnacher (Günzburg) und Weikmann (Unterallgäu) besiegelten die Vereinsgründung. Erster Vorsitzender wurde einer der großen Förderer des Naturparkgedankens, Landrat Dr. F. X. Frey. Es war dennoch ein langer Weg zur rechtlichen Anerkennung unseres Naturparks durch das Bayer. Staatsministerium für Landesentwicklung und Umweltfragen 1988. Viele Auflagen mußten erfüllt, eine fundierte langfristige Planung erstellt werden. Die Abgrenzung des Naturparks war vorzunehmen. Mehr als 50% der Naturparkfläche wurden zum Landschaftsschutzgebiet erklärt. Ein Netz von Wander- und Radwanderwegen sowie Erholungseinrichtungen mußte erstellt werden. Erholungsnutzung und Landschaftsschutz waren gleichermaßen zu gewährleisten. Ein attraktives Angebot an Umweltbildung wurde entwickelt. Die ersten Geschäftsführer des Naturparkvereins verdienen für ihren Einsatz besondere Erwähnung:
Reinhold Wenninger (bis 1977) und der unvergessene Josef Stechele (1977 – 1989) können als die „Gestalter" gelten.
Heute sind die Leistungen des Naturparkvereins unbestritten. Als anerkannter Landschaftspflegeverband, als Träger des „Naturpark-Hauses" und als zentrale Stelle bei der Betreuung des Erholungsgebiets mit rund 2500 km markierter Wege, dient der Naturparkverein mit seinen vielen Dienstleistungen nicht nur den jährlich über 500000 Besuchern, sondern als Fremdenverkehrsgebiet und positiver Standortfaktor auch der Entwicklung des ganzen Raums.

Die Staudenkapelle

Auf Initiative des ersten Vorsitzenden des Naturparkvereins, Landrat Dr. Franz Xaver Frey, wurde 1983 an dem aussichtsreichen Waldrand von der Städtischen Forstverwaltung Augsburg mitten in den Stauden die Staudenkapelle errichtet. Südlich von Grimoldsried gelegen, soll sie zur besinnlichen Einkehr einladen. Das kleine Gotteshaus in Holzbauweise liegt am Wanderweg „Lueg ins Land" (Türkheim – Wertingen).

Der Christoph-Scheiner-Turm

In den südlichen Stauden, nördlich von Bürgle (Markt Wald) liegt der schöne Aussichtsturm. Er wurde nach dem hier geborenen Astronom Christoph Scheiner, einem berühmten Zeitgenossen Galileo Galileis, benannt.
Von hier bietet sich ein weiter Blick auf das obere Neufnachtal mit seinen idyllischen Ortschaften.

Christoph-Scheiner-Turm bei Markt Wald

Übersichtskarte-Rundwandertouren

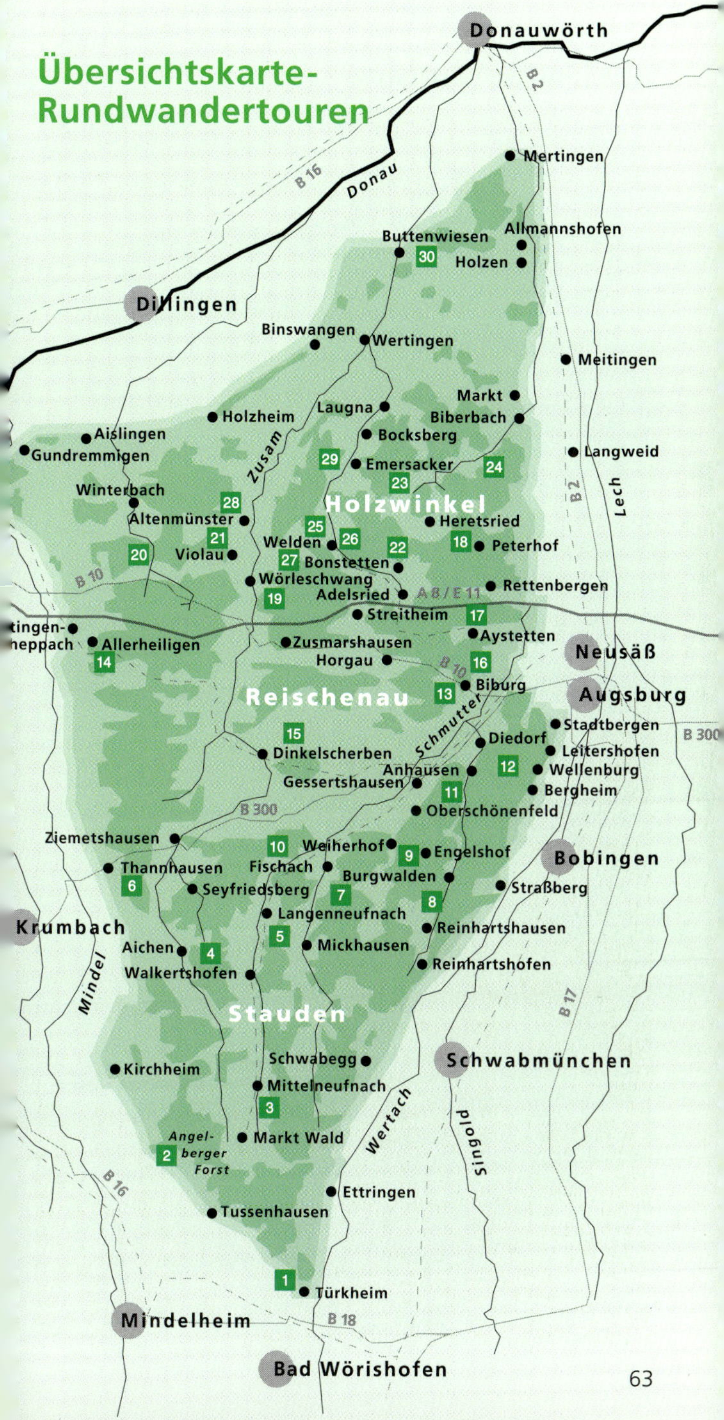

Nordhälfte/Südhälfte

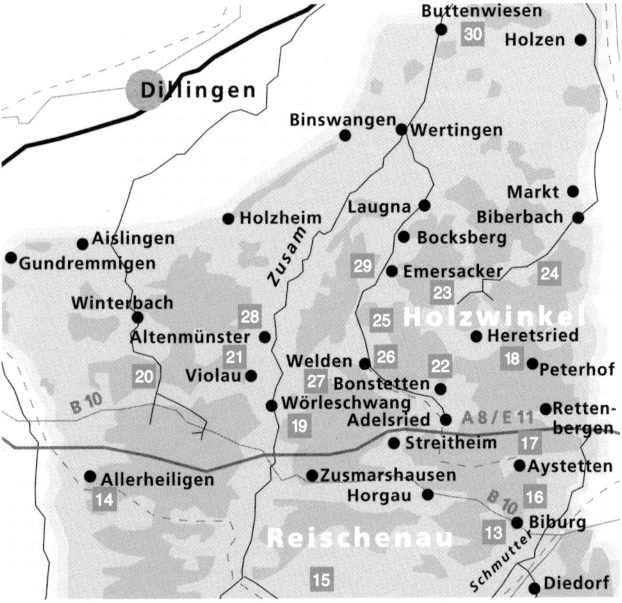

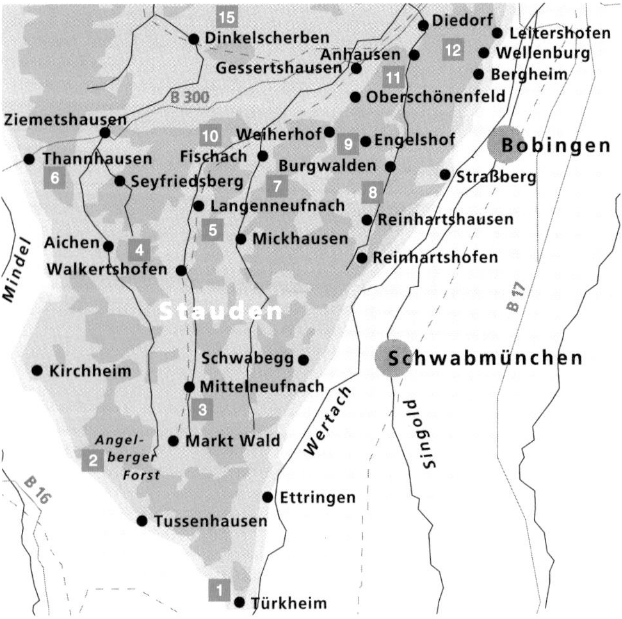

Vom Nachmittagsspaziergang zur halbtägigen Wanderung – 30 ausgesuchte Rundwanderwege

Rund 60 Rundwanderwege, meist zwischen 5 und 15 Kilometer lang, bieten sich für Spaziergänge und kleinere Wanderungen an und führen zum Ausgangspunkt (oft ein Parkplatz) zurück. Sie sind vor Ort nur in einer Richtung (siehe Naturpark-Karte) mit grün umrandeten Schildern mit grünen Wanderern markiert. Die Schilder sind teilweise schwarz beschriftet. Etwa die Hälfte der Rundwanderwege ist in diesem Büchlein beschrieben.

In der aktuellen Wander- und Radwanderkarte „Naturpark Augsburg – Westliche Wälder" (1:50000) sind alle markierten Rundwanderwege rot punktiert dargestellt.

Zeichenerklärung

Kirche/Kapelle

Parkplatz

Orientierungstafel

Gaststätte

Naturlehrpfad

Grillplatz

Schutzhütte

Landrat-Dr.-Frey-Radweg

Kneippanlage

Brunnenanlage

1 Rundum im Neubichel – geologische Wanderung
Türkheim

Zum Gedenken an Lorenz Scheuenpflug, der bis zu seinem Tod 1995 über Jahrzehnte hinweg mit dem Naturpark und seinem Trägerverein tief verbunden war, möchten wir eine seiner geologischen Wanderungen vorstellen.

Was Sie erwartet:
Eine Rundwanderung durch offenes Grünland – überwiegend Teil eines Golfplatzes – auf dem Neubichel, sonnig und landschaftlich besonders reizvoll.
Bitte achten Sie auf evtl. umherfliegende Golfbälle!

Länge: 7 km = 2 Stunden
Start/Ziel: Parkplatz auf dem Ludwigsberg/Sportplatz am Nordwestrand von Türkheim
Beschilderungsrichtung: im Uhrzeigersinn
Hinweise: 7-Schwaben-Heimatmuseum im Rathaus (Führ. a. A.)
Einkehrmöglichkeit: Türkheim

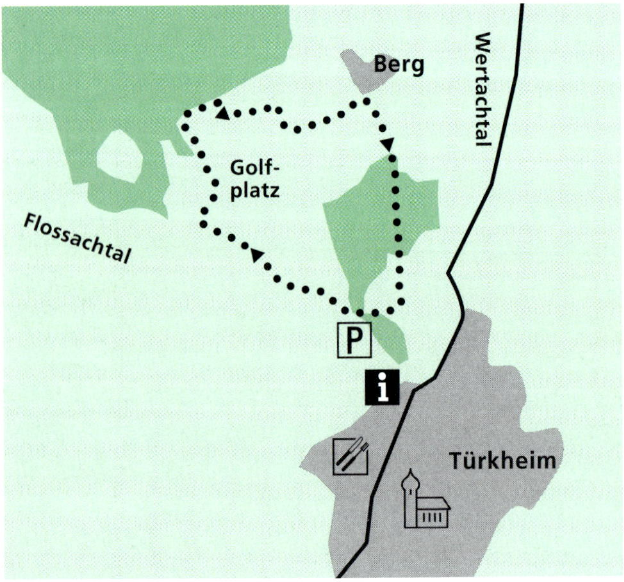

1. Landschaftsüberblick:

Neubichel (Bichel = Bühel = Hügel) und Ludwigsberg entstanden als Keil zwischen zwei großen Talungen. Kaltzeitliche Schmelzwasserabflüsse des Lechgletschers, die sich an diesem „Türkheimer Sporn" gabelten, räumten mindestens seit der Mindeleiszeit die beiden Talungen aus:
Die Schmelzwässer des im heutigen Wertachtal (Marktoberdorf – Kaufbeuren) vordringenden Lecheises flossen zeitweise nach Nordwesten durchs heutige Wörthbach-Flossachtal zur Mindel und als Lech nach Nordosten in Richtung Augsburg ab. Dieser Keil ist der Rest eines alten Höhengeländes, den die beiderseitige Flußerosion stehen gelassen hat.
Später versiegten die Abflüsse allmählich, so daß die heutige Wertach übrig blieb, die sich eintiefte und von Türkheim bis Augsburg das früher angelegte, breite Lechtal benützte.
Die Gletscher der Mindel- und Rißeiszeit reichten auf den Ludwigsberg/Neubichel hinauf.

Ludwigstor in Türkheim

2. Wegebeschreibung und geologische Erläuterungen:

Auf dem Ludwigsberg vom Parkplatz am Sportplatz verläuft der gut markierte Rundwanderweg „Um den Neubichel" im Uhrzeigersinn zunächst nach Nordwesten zum Wald, vom Waldrand nach Berg und durch Wald zurück nach Türkheim. Eine genauere Wegebeschreibung erübrigt sich.
Der Aufstieg zum Ludwigsberg verläuft auf einer nicht sichtbaren Moräne (aufgehäuftes Gletschermaterial).
Im wallumsäumten Innenraum einer spätkeltischen Viereckschanze ist jetzt der Fußballplatz angelegt. Der Weg – am alten Wasserhochbehälter links vorbei – auf den Neubichel über dem Floßachtal bietet prächtige Ausblicke und zeigt nach Südwesten den „kastenförmigen" Querschnitt einer Abflußbahn der Gletscherschmelzwässer mit kilometerbreiter ebener Talsohle und steil ansteigenden Talrändern.
Vorgeschichtliche Hügelgräber auf dem Neubichel sind in den Golfplatz einbezogen und von Kunsthügeln nicht zu unterscheiden. Die Wasserscheide zwischen Floßach- und Wertachtal verläuft auf dem Neubichel nahe der Hangkante zum Floßachtale hin. Zur Mindel- und Rißeiszeit hat sich der Gletscher heraufgeschoben, im östlichen jetzigen Wertachtal lag er sehr viel tiefer. Dadurch waren die Schmelzwässer des Gletscherrandes gezwungen, nach Nordosten abzufließen. Sie bildeten die flachen Talrinnen zum heutigen Wertachtal hin. Der mindelzeitliche Gletscher kann bis zum Wasserhochbehälter, der der Rißeiszeit bis zum flachen Tälchen gereicht haben, das südlich Berg in die Wertachebene hinaus verläuft. Vorbei an diesem neueren Wasserhochbehälter nähert sich der Weg leicht abfallend dem großen Waldgebiet der Bärnau (auch Bernau = Bären-Au) und wendet sich am Waldrand dem Ort Berg zu.
Am südlichen Ortsausgang halten wir uns an der Kapelle rechts und wandern in Richtung Türkheim.
Der Weg quert das erwähnte Tälchen, das im Querschnitt eine deutliche Talhangasymmetrie zeigt. Entlang des Goldbergs (römische und alamannische Niederlassung) führt der Weg auf die Höhe zu einer verlassenen Ziegelei, die in der nächsten Umgebung ihre Lehmgruben hatte. Die „ausgeziegelten" Bereiche mit auffallenden Abbaurändern sind noch zu erkennen. Vermutlich wurde Lößlehm gewonnen, es könnte jedoch auch geröllfreies, toniges Grundmoränenmaterial beteiligt gewesen sein. Zahlreiche Wässerlein zwischen Berg und Türkheim lassen auf einen wasserstauenden Untergrund schließen. Uralte Laubbäume entlang des Weges von Berg kennzeichnen diese Fährte als alte Ortsverbindungsstraße.

2 Rundum im Angelberger Forst bei Markt Wald

Was Sie erwartet:
Eine kleine Waldwanderung auf guten Forstwegen, sonnige Waldränder und schöne Ausblicke ins Tal des Westerbachs.

Länge: 5 km = 1 Stunde
Start/Ziel: Parkplatz P 74 südwestlich Markt Wald
Beschilderungsrichtung: im Uhrzeigersinn
Hinweise: Wassertretanlage vor Markt Wald; Bademöglichkeit im Schnerzhofer Weiher (3 km)
Einkehrmöglichkeit: Markt Wald oder Tussenhausen

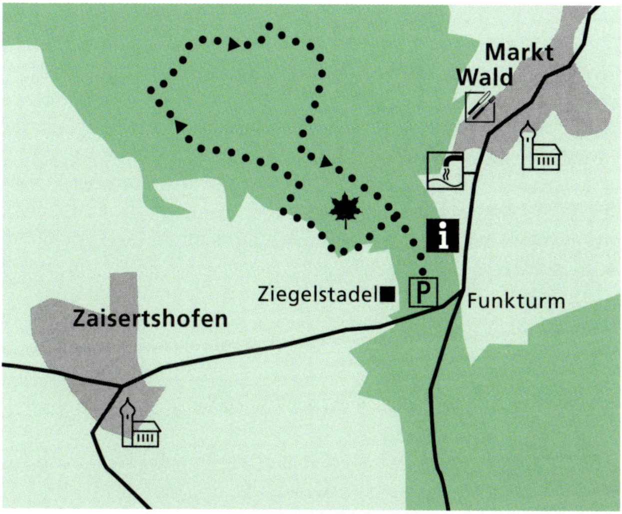

Routenbeschreibung

Von der Informationstafel am Parkplatz wandern wir waldeinwärts und nach 5 Minuten links zum Waldrand. An diesem entlang nach rechts und mit schönem Ausblick Richtung Westen 10 Minuten nordwestwärts bis zu einem Waldweg. Rechts bergauf in den Wald, dann gleich wieder links der Markierung folgen. Nach gut einem Kilometer wendet sich unser Rundweg nach rechts hinunter zum Haselbach. Danach erneut zweimal rechts geht es wieder deutlich bergauf. Auf der Hochebene kurz rechts und wieder links, und wir gelangen problemlos zum Ausgangspunkt zurück.

3 Um die Schneid Mittelneufnach

Was Sie erwartet:
Eine sonnige Nachmittagswanderung auf Feld- und Waldwegen. Reizvoller Blick auf Mittelneufnach und das obere Neufnachtal.

Länge: 6 km = 1,5 Stunden
Start/Ziel: Ortsmitte/Pfarrkirche Mittelneufnach
Beschilderungsrichtung: im Uhrzeigersinn
Hinweise: Aufstieg ca. 60 Höhenmeter
Einkehrmöglichkeit: Mittelneufnach

Routenbeschreibung

Mittelneufnach war früher Sitz eines Obervogtamtes, das stattliche Forstgebäude am Ortsrand bezeugt noch heute die frühere Bedeutung des Ortes.
Bester Ausgangspunkt der Rundwanderung ist der Parkplatz der Gaststätte Adler, gleich neben dem schönen Pfarrhof und der ursprünglich spätgotischen, letztmals 1995 renovierten Dorfkirche. Die Kirche St. Johannes Evangelist ist meist unverschlossen, am Eingang befindet sich ein Erläuterungstext zur Geschichte des Gebäudes.

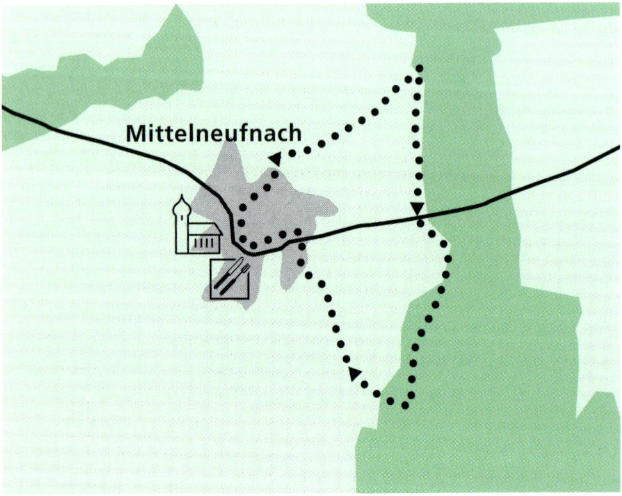

Von der Gaststätte aus ist zunächst die Straße zu überqueren (Vorsicht!). Auf der Lindenstraße gelangt man zum Ortsrand, überschreitet die Gleisanlagen der stillgelegten „Staudenbahn", quert das hübsche Bächlein der Neufnach und folgt dann dem gekiesten Hauptweg bergauf.
Die strukturreiche Wald- und Wiesenlandschaft mutet geradezu nostalgisch an, Ackerbau ist kaum vorhanden.
Nach zwei etwas schweißtreibenden Kilometern auf dem höchsten Punkt angekommen – der anstrengendste Teil ist nun geschafft – befindet man sich am Rande des Spitalwaldes der Stadt Augsburg. Hier rechts, auf dem Weg am Waldrand entlang, bieten sich wunderschöne Ausblicke auf den Ort Mittelneufnach, später auch auf Oberneufnach, auf Markt Wald und auf die Hügellandschaft der Stauden.
Nach etwa 800 Metern zeigt sich eine kleine Kapelle, der man einen Abstecher widmen sollte.
Danach weiter am Waldrand entlang, vorbei am verwitterten Rest einer ehemals gewaltigen Buche, zur Straße Mittelneufnach – Schwabmünchen.
Auf dem gegenüberliegenden Weg in den Wald und etwa einen Kilometer südwärts bis zu einer Wegkreuzung. Der Markierung „Um die Schneid" folgend scharf rechts zum Waldrand. Dann den etwas grob gekiesten Weg mit schönem Ausblick hinunter nach Mittelneufnach.
Auf der Straße sind es nur noch wenige Minuten zum Ausgangspunkt.

Die idyllische Neufnach

4 **Um Hölden** Walkertshofen

Was Sie erwartet:
Eine landschaftlich besonders reizvolle, hügelige Wanderung an den Hängen des Neufnachtals und im abwechslungsreichen Walkertshofer Wald.

Länge: 5 km = 1 Stunde
Start/Ziel: Parkplatz Ortsmitte (Raiffeisen) Walkertshofen
Beschilderungsrichtung: entgegen Uhrzeigersinn
Hinweise: teilweise auf Weitwanderweg „Lueg ins Land“; spätgotische Dorfkirche in Backsteinbauweise
Einkehrmöglichkeit: Walkertshofen

Routenbeschreibung

Vom geräumigen Parkplatz vor der Raiffeisenbank führt der Fußweg nordwärts hinauf zur Schönstraße und quer gegenüber den Staudenweg hinaus zum Ortsrand. Hier beginnt der eigentliche Rundkurs:
Zunächst den im Rahmen der Flurbereinigung asphaltierten Feldweg hangparallel weiter; zahlreiche Bäume und Sträucher wurden hier gepflanzt. Die Ausblicke ins Neufnachtal und links hinauf auf die Wiesen- und Heckenlandschaft der „Stauden“ sind besonders schön.

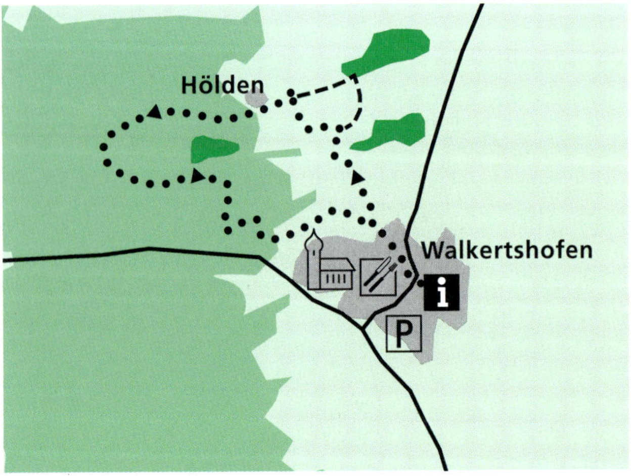

Kurz nach dem Überqueren eines Bächleins geht links der schmale Grasweg hinauf nach Hölden ab. Alternativ dazu kann – insbesondere bei nassem Wetter empfehlenswert – auch der Asphaltstraße gefolgt und an deren Einmündung links hinaufgewandert werden.
Bewohner des Weilers Hölden haben einen herrlichen Ausblick; vielleicht werden die Häuser dort auch deshalb so gut instandgehalten.
Nun führt der Weg in den Wald. Fichtenbestände wechseln mit herrlichen Mischwäldern aus Buchen und Lärchen. Immer geradeaus zeigt sich schließlich eine mit Laubhölzern bepflanzte Fläche. Dieser gegenüber führt der Rundweg links hinunter in ein idyllisches Bachtälchen. Später nach einem Bächlein wieder bergauf und weiter voran, bis auf dem Höhenrücken nach links – siehe Wanderschild – ein Waldweg abzweigt. Auf diesem zum nahen Waldrand und auf dem erst grasigen Weg zum nächsten kleinen Buchenwäldchen. Den Feldweg zwischen diesem und einer ehemaligen Deponie – rechts ein gelungenes Neubaugebiet – hinunter zum Ortsrand und auf dem Herweg zurück zur Dorfmitte. Dort könnte noch die Pfarrkirche besichtigt werden, bevor der kulinarische Teil dieser Staudenwanderung in Angriff genommen wird.

Blick auf Walkertshofen

5 Ums Schweizerholz
Langenneufnach

Was Sie erwartet:
Idyllische, ruhige Wald-Feld-Wanderung in den abwechslungsreichen „Stauden" über dem Neufnachtal. Schöne Ausblicke. Wanderschuhe empfohlen.

Länge: 6 km = 1,5 Stunden
Start/Ziel: Pfarrkirche in Langenneufnach
Beschilderungsrichtung: entgegen Uhrzeigersinn
Hinweise: Wassertretanlage am Wege
Einkehrmöglichkeit: Langenneufnach

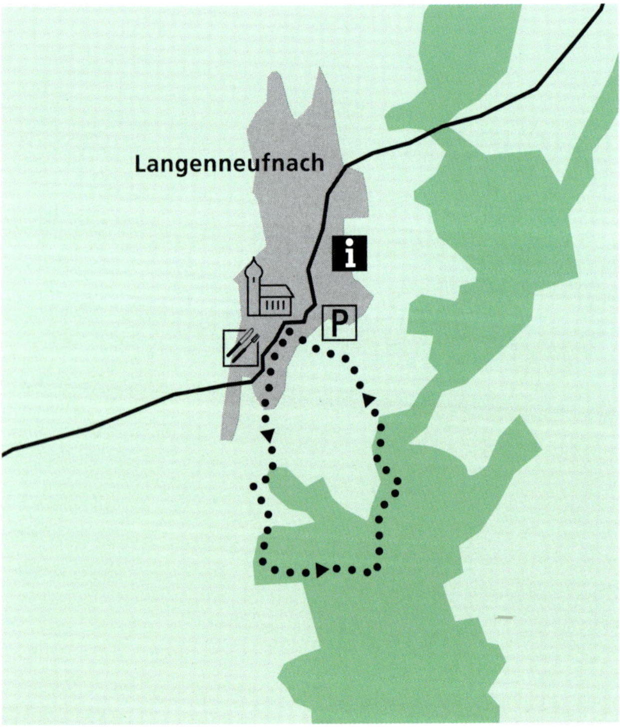

Routenbeschreibung

Vom Startpunkt südwärts kreuzt man zunächst die Straße nach Mickhausen und geht zum Ortsrand. Bergan führt der nur noch gekieste Weg auf den Rand des „Schweizer Holzes" zu. Rechts – am Wegende – gilt es, einige Meter am Wiesenrand entlang zum Wald zu gehen. Ein schmaler Waldpfad (am Waldrand Bank mit schönem Ausblick) führt nun 150 m zu einer Waldstraße, auf der wir zunächst abwärts, später kräftig bergauf marschieren. Auf dem Höhenrücken müssen wir links und gelangen auf der ebenen Forststraße zur erwähnten Straße Langenneufnach – Mickhausen. Hier zunächst kurz links, nach 50 m wieder halbrechts in den Wald. Nach etwa 1 km durch Wald und Feld biegt der Weg am Ende eines kleinen Wäldchens nach links ab. Nun geht es nur noch bergab:
Vorbei an einer kleinen Wassertretanlage gelangen wir mit herrlichem Blick auf Langenneufnach hinunter zur Dorfkirche.

Die Kirche von Langenneufnach

6 Zur schönen Aussicht
Burg bei Thannhausen

Was Sie erwartet:
Idyllische, ruhige Wald-Feld-Wanderung in den abwechslungsreichen „Stauden" über dem Neufnachtal. Schöne Ausblicke.

Länge: 4 km = 1 Stunde
Start/Ziel: Schützenheim in Burg
Beschilderungsrichtung: im Uhrzeigersinn
Hinweise: Grill- und Bademöglichkeit bei Thannhausen; Theateraufführung im Juli in Burg (Info: Rathaus Thannhausen)
Einkehrmöglichkeit: Burg oder Thannhausen

Routenbeschreibung

Wenn die Lech- und Wertachstadt Augsburg grau im Hochnebel liegt, der Wetterbericht aber Sonnenschein in den Bergen meldet, dann lohnt sich auch ein Ausflug nach Burg, 564 m hoch, der zur Stadt Thannhausen gehört.
Bereits zu Beginn unserer Wanderung genießen wir nämlich die „schöne Aussicht": nach Westen hinunter ins Mindeltal, nach Osten auf die bewaldeten Höhenrücken über dem Zusamtal; und Richtung Süden, bei Föhnwetterlage, haben wir einen herrlichen Blick in die Berge!

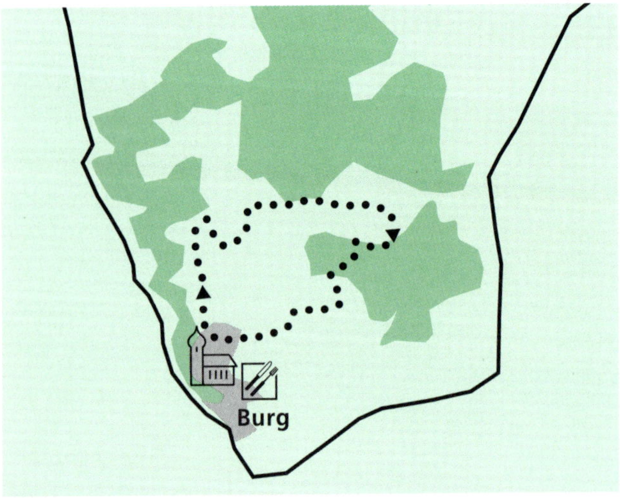

Unser Ausgangspunkt für die Wanderung ist das Schützenheim. Wir gehen in nördlicher Richtung bis zum Feldkreuz. Bei diesem biegen wir rechts ab und wandern auf dem befestigten Weg bis zum Wald. Dort fürs Erste geradeaus bergab bis zur Wegegabelung. Hier rechts ab zum Waldrand. Nun rechts am Waldrand entlang und dann durch schönen Mischwald, bis wir wieder aufs freie Feld kommen. Wir queren den bergaufführenden Weg bis zur nächsten Wegkreuzung. Jetzt gehen wir rechts bis zur zweiten Wegkreuzung. Dort links bergauf auf eine Feldscheune zu, an dieser rechts vorbei und zurück zum Ausgangspunkt.

Ausblick auf Balzhausen

7 Um Itzlishofen Todtenschläule

Was Sie erwartet:
Sehr stille, nahezu reine Waldwanderung mit typischen „Stauden-Wirtschaften" am Wege.

Länge: 7 km = 2 Stunden
Start/Ziel: Itzlishofen
Beschilderungsrichtung: entgegen Uhrzeigersinn
Hinweise: Wassertretanlage Todtenschläule; oberhalb Willmatshofen Freizeitanlage mit Grillmöglichkeit
Einkehrmöglichkeit: Itzlishofen, Todtenschläule, Fischach

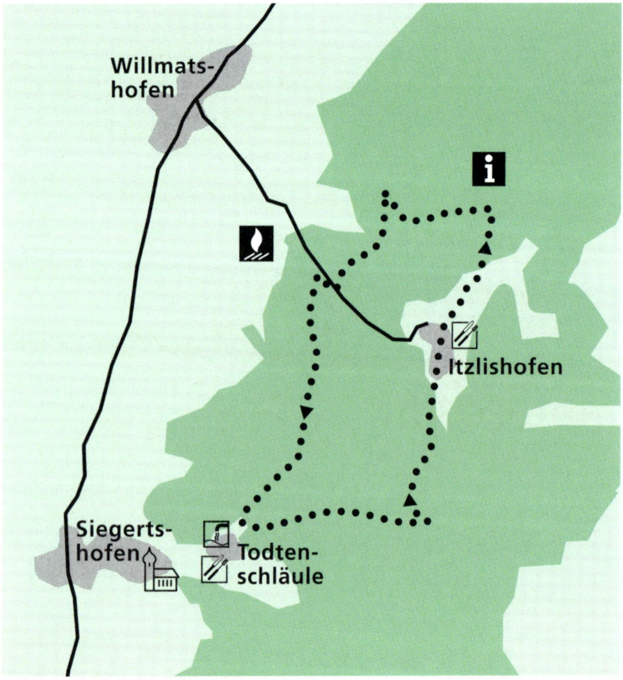

Routenbeschreibung

Ausgangs- und Zielort der Rundwanderung ist der kleine Ort Itzlishofen (mit Gasthof) südöstlich von Fischach. Die Wanderung kann auch in Todtenschläule (Gasthof) begonnen werden.
Am Nordende von Itzlishofen zunächst geradeaus und am Waldrand entlang zur Weggabelung. Nun links bergauf. Nach 400 m erneut links und hinauf zum Höhenrücken. Hier an der Wegkreuzung scharf links und auf dem Waldweg bis zur Asphaltstraße. Nun rechts und gleich wieder links in den Wald und immer geradeaus bis zum Buchberg. Ein Pfad führt steil hinunter nach Todtenschläule und zum Schläulewirt (Mo. Ruhetag; werktags ab 17 Uhr geöffnet).
Am unteren Ortsende von Todtenschläule verschafft ein kleines Wassertretbecken zunächst Kühle für den Rest dieser Wanderung.
Ostwärts durch den Ort und links, Richtung Itzlishofen, steil bergauf in den Wald und auf den Höhenrücken. Dort rechts weiter und im Tal links entlang des Vögelebachs bis nach Itzlishofen.

Freizeitanlage bei Willmatshofen

8 Durch das Teufelstal
bei Reinhartshausen

Was Sie erwartet:
Eine landschaftlich sehr reizvolle Wanderung im „Großen Wald", vorbei an den Scheppacher Weihern sowie ins naturnahe Tal des Anhauser Bachs.

Länge: 5 km = 1 Stunde
Start/Ziel: Parkplatz P 86 nördl. Reinhartshausen
Beschilderungsrichtung: im Uhrzeigersinn
Hinweise: Abstecher zur Buchkopfquelle 1 km und nach Burgwalden 2 km (Golfplatz, nordöstl. kleiner Badeweiher)
Einkehrmöglichkeit: Reinhartshausen, Burgwalden

Reiter bei Reinhartshausen

Routenbeschreibung

Mitten im weitläufigen Waldgebiet der östlichen Stauden liegt die Ortschaft Reinhartshausen mit der sehenswerten Kirche St. Laurentius. Nördlich des Dorfes, am Waldrand, hat der Naturparkverein eine 5 Kilometer lange Rundwanderstrecke markiert, die sich durch abwechslungsreiche Ausblicke und Ruhe auszeichnet.
Zunächst, vom Parkplatz sind es nur wenige Meter im Wald, wenden wir uns links und folgen der Wegmarkierung „Durch das Teufelstal" hinunter ins Tal des Engelshofer Bachs und auf und ab zu den Scheppacher Weihern. Spätestens jenseits des Staudamms wird es Zeit für eine Rast, um die Stille, die Wasservögel und den Wald auf sich wirken zu lassen. Nun steil den Höhenrücken hinauf und – nach Überquerung einer Wegkreuzung – nach Osten zu angenehm hinunter in das Teufelstal. Nicht teuflisch, sondern sehr idyllisch wirken die farbenreichen Feuchtwiesen am Anhauser Bach (links geht es zur Buchkopfquelle und nach Burgwalden). Zunächst gehen wir auf dem Talweg rechts weiter durch ein kleines Waldstück, dann bald erneut rechts hinauf. In Ruhe und Abgeschiedenheit führt der Wanderweg nun gut einen Kilometer bis zur Hochstraße. Hier links bis zum Waldrand und zurück zum Parkplatz.

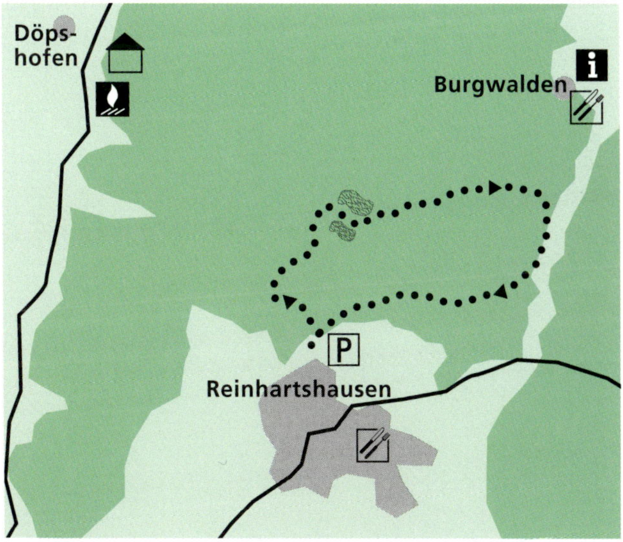

9 Um den Galgenberg
Burgwalden

Was Sie erwartet:
Abwechslungsreiche, waldreiche Wandertour im „Großen Wald“ zur Enklave „Engelshof“ mit Gasthaus (auch Ferienwohnung) und Tiergehegen.

Länge: 8 km = 2 Stunden
Start/Ziel: Parkplatz P 65 in Burgwalden
Beschilderungsrichtung: im Uhrzeigersinn
Hinweise: Abstecher zur Buchkopfquelle 1 km; Burgwalden: Golfplatz, nordöstl. kleiner Badeweiher; Scheppacher Kapelle am Wege; Busanschluß mit AVV
Einkehrmöglichkeit: Burgwalden, Engelshof

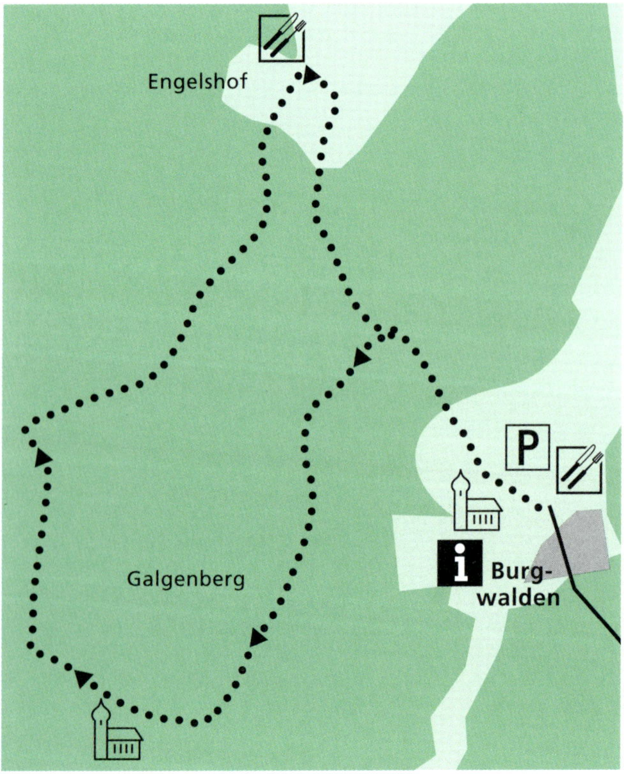

Routenbeschreibung

Der Weg führt uns von Burgwalden, vorbei an der kleinen Filialkirche, über das Gelände des Golfplatzes hinauf zum Wald und zu einer Wegkreuzung. Hier links auf dem Rundwanderweg „Um den Galgenberg" gut 1,5 Kilometer südwärts und dann rechts hinunter zum Engelshofer Bach und zur Scheppacher Kapelle.

Hier stand ehemals der Weiler Scheppach. Er wurde im 30-jährigen Krieg zerstört. 1931 pilgerten noch 12 000 Menschen hierher. Nach einer stärkenden Rast leitet die Rundwegmarkierung rechts weiter Richtung Engelshof. Nach 1 Kilometer biegt man an einer Weggabelung mit Bank rechts ab und erreicht nach etwa 1,5 Kilometern den Waldrand. An einem Tiergehege entlang erreichen wir den Gasthof Engelshof mit Terrasse für eine ausgiebige Einkehr.

Danach am Gehöft vorbei ostwärts ins Tal des Engelshofer Baches, den Fahrweg weiter zum Wald und steil auf die Anhöhe des Engelshofer Berges. Nun ist es nur noch etwa 1 Kilometer Weges durch schönen Mischwald bis hinunter nach Burgwalden.

Der Golfplatz Burgwalden

10 Um den Hartenberg Fischach

Was Sie erwartet:
Eine mäßig anstrengende Tour in der hügelreichen Landschaft entlang des Schmuttertals.

Länge: 7 km = 2 Stunden; mit Umweg 10 km
Start/Ziel: Parkplatz P 67 nördl. Fischach (Tennisplatz)
Beschilderungsrichtung: entgegen Uhrzeigersinn
Hinweise: Abstecher vom Parkplatz auf den Buschelberg = Rundwanderweg „Um den Buschelberg" (geschichtl. Infotafeln) 3 km; Mozart-Haus in Heimberg (2 km; Führung möglich); Keltenschanze bei Unterrothan
Einkehrmöglichkeit: Fischach, Unterrothan

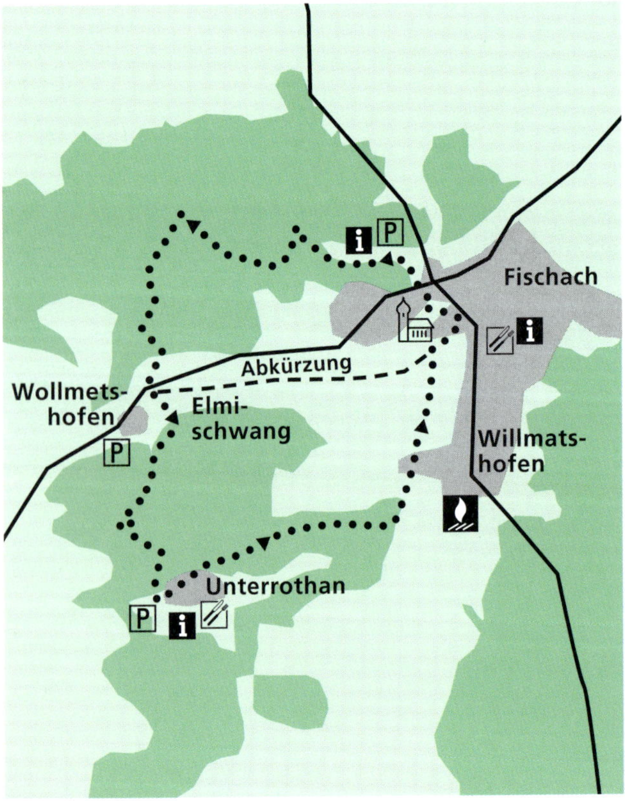

Routenbeschreibung

An der Straße (Naturpark-Informationstafel) zwischen Fischach und Aretsried ist Start. Vom Parkplatz aus führt der Schotterweg in den Wald. Der zunehmend schmale Weg leitet westwärts, später steil hinauf, und biegt schließlich an einem großen Holzkreuz rechts ab auf den breiten Waldweg von Fischach. Zunächst etwa 1 km auf den Höhenrücken weiter, dann links ab zum Seitenweg und durch den schattenreichen Fichtenwald. Nach etwa 700 Metern gelangt man – kurz nach einer Weggabelung – zum Rand des Burgstalles „Hartenberg"; ein schmaler Grasweg führt rechts nach wenigen Metern zum Wallgraben dieser hoch-mittelalterlichen Burganlage, die später abgetragen wurde.
Nun links, später wieder rechts bergab auf dem Weg zum Waldrand. Auf der Staatsstraße rechts wenige Meter weiter, dann links über die Brücke der Neufnach und die stillgelegte „Staudenbahn". Links führt die Asphaltstraße nun 2 km im Schmuttertal ostwärts nach Fischach (kurze Variante).

Schöner, allerdings etwa 3 km länger, ist der Umweg zum Weiler Unterrothan und zur nahegelegenen keltischen Viereckenschanze „Brennburg" (Erläuterungstafel). Man geht zunächst nach dem Staudenbahngleis rechts und – vorbei am Schloß Elmischwang und an einem kleinen Friedhof im Wald – halblinks auf den Schalkenberg. Dann scharf links und bald wieder rechts zum Parkplatz P 70. Auf der Straße nach links durch den Weiler und weiter im Wald, vorbei an der Keltenschanze, Richtung Fischach/Willmatshofen. Nun im Tal nordwärts nach Fischach und rechts auf die Pfarrkirche zu.

In Ortsmitte zweimal links zur Schmutterbrücke am Rand des Marktes. Nach Querung des Bahngleises gelangen wir nach wenigen Minuten zurück zum Parkplatz.

11 Rundtour

Gessertshausen – Oberschönenfeld – Weiherhof – Dreifaltigkeitstafel – Scheppacher Kapelle – Burgwalden – Engelshof – Oberschönenfeld – Gessertshausen

Was Sie erwartet:
Auch als Ergänzung zum herausragenden Angebot im Kloster Oberschönenfeld ist diese Wanderung geignet. Sie führt durch die typische Staudenlandschaft – entlang der Schwarzach und auf die mischwaldreichen „Riedel" des Rauhen Forstes.

Länge: 19 km = 5 Stunden von Gessertshausen
Start/Ziel: Gessertshausen (AVV Linie R 6) oder Kinderspielplatz am Parkplatz in Oberschönenfeld
Beschilderung: grüne oder rote Schilder mit Wanderersymbolen
Hinweise: Naturlehrpfade und Grillanlage Oberschönenfeld; Schwäbisches Volkskundemuseum, Naturpark-Haus und Staudenhaus als weithin bekannte Besichtigungsmöglichkeiten
Einkehrmöglichkeit: Oberschönenfeld, Weiherhof, Burgwalden, Engelshof

Routenbeschreibung

Vom Bahnhof Gessertshausen führt der Weg zur Ortsmitte und vor der Schwarzachbrücke links (Bachwiesenstraße) südwärts nach Oberschönenfeld.
Oberschönenfeld als Ausflugsort steckt voller attraktiver Angebote. Dabei wartet das Naturpark-Haus neben seiner abwechslungsreichen Dauerausstellung „Natur und Mensch im Naturpark" zusätzlich mit wechselnden Sonderausstellungen auf.
Von Oberschönenfeld (beim „Staudenhaus") leiten uns die roten Wanderschilder weiter das Schwarzachtal aufwärts bis zum Parkplatz Weiherhof (3 km).
Zunächst auf einem Pfad am Bach auf dem Naturlehrpfad „Weiherhof" entlang, dann dem ruhigen Waldweg folgend, erreichen wir nach 1 Kilometer einen abgelegenen Grillplatz mit Schutzhütte.
Hier biegt der Weg nach links und führt hinauf auf den Höhenrücken bis zur Einmündung in den Hauptweg. Nach links, rund 1,5 Kilometer weit durchqueren wir nun den „Großen Wald", der seinem Namen alle Ehre macht. Schließlich zeigt sich ein Schutzpavillion und neben mehreren Linden die „Dreifaltigkeitstafel". Nun geht es halbrechts Richtung Scheppacher Kapelle, eine früher vielbesuchte Wallfahrtskapelle. Links am Kirchlein vorbei wird bald Burgwalden im Anhauser Tal erreicht. Zwischen Gasthaus und Kirche wandern wir wieder bergauf bis zum abgelegenen Engelshof. Dann weiter westwärts in den Wald, hinauf zur Kreuzung am Hochweg. Hier 500 m nach rechts und dann links hinunter in ein kleines Seitental. Der Markierung folgend gelangen wir schließlich wieder nach Oberschönenfeld und entlang der Schwarzach zurück nach Gessertshausen.

Herbstliche Stimmung an den Burgwaldener Weihern. (oben)

Farbenprächtige Flurbäume bei Gablingen. (rechts)

Die Schmutterschleife in Neusäß unweit des Landrat-Dr.-Frey-Weges. (oben)

Winterliche Kletten im Wellenburger Wald. (rechts)

12 Rund um den Exotenwald
Wellenburg oder Anhausen

Was Sie erwartet:
Schattenreiche Runde im Wellenburger Wald und hinunter zum schönen Anhausen. Meist gut begehbarer Weg mit Steigungen, vor allem auf dem Rückweg von Anhausen.

Länge: 8 km = 2 Stunden
Start/Ziel: Parkplatz Wellenburg
Beschilderungsrichtung: im Uhrzeigersinn
Führungen im Exotengarten: Anmeldung bei der Städt. Forstverwaltung Augsburg, Tel. 08 21/3 24 61 11 oder beim Städt. Forstrevier Diedorf, Tel. 0 82 38/22 81
Einkehrmöglichkeit: Wellenburg, Anhausen

Routenbeschreibung

Der Zugang zum Rundwanderweg beginnt in Wellenburg rechts von der Gaststätte. Der Weg führt bald wieder links den Wegweisern „Anhausen" und „Schwäbisch-Allgäuer-Wanderweg" folgend leicht ansteigend zum Wald. Nun einen weiteren kurzen Anstieg hinauf zur Kreuzung und geradeaus bzw. bergab zum Wellenburger Weiher.

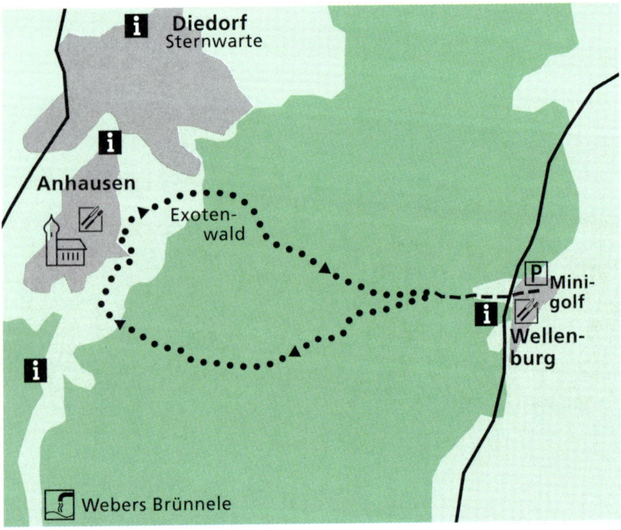

Am Ende des Weihers links und dann dem Wegweiser „Rund um den Exotenwald" folgend abwechselnd durch Fichtenhochwald und Mischwald bis zu einer Weggabelung. Hier Vorsicht: Der Rundweg geht zwischen der Weggabel in der Mitte auf einem Waldpfad weiter, führt nun durch Buchenwald immer leicht abwärts, zunächst über einen Steig, dann ein kurzes Stück schlechten Wegs, und trifft auf den Radweg, der in westlicher Richtung durch eine Wochenendsiedlung nach Anhausen führt. Vor uns liegt der Ort mit seiner sehenswerten Pfarrkirche St. Adelgundis, wunderschön eingebettet im Anhauser Tal. Hier empfiehlt sich ein Abstecher in den Ort und eine Rast in einem der guten Gasthäuser.
Der Rundwanderweg führt nun über das Anhauser Bächle im „Firmental" rechts in die Leitershofer Straße von Anhausen. Von der Abzweigung an der Leitershofer Straße auf dieser nordwärts bis zu einem Feldkreuz. Hier rechts, vorbei an einigen Feldhecken leicht bergan zum Wald. Nach einer kräftigen Steigung an der Kreuzung geht man halbrechts auf dem weichen, schönen Waldweg entlang des Exotengartens.
Nun an der Weggabelung links weiter und nach einem weiteren steilen Anstieg an der nächsten Kreuzung geradeaus bis zum Wellenburger Weiher. Von dort auf dem Hinweg zurück zur Gaststätte und zum Parkplatz Wellenburg.

Blick auf Anhausen

13 Rundum im Forst Lindach
bei Biburg

Was Sie erwartet:
Ein schöner Spaziergang auf gepflegten Forstwegen; auch für Kinderwagen geeignet.

Länge: 5 km = gut 1 Stunde
Start/Ziel: Parkplätze P 51 „Steineberg" (hier beschrieben) oder 500 m südwestlich P 52 am Waldspielplatz Föhrenberg (dort Schutzhütte)
Beschilderungsrichtung: entgegen Uhrzeigersinn
Hinweise: Herrlicher Mischwald mit mächtigen Einzelbäumen
Einkehrmöglichkeit: keine am Weg; Rommelsried oder Biburg

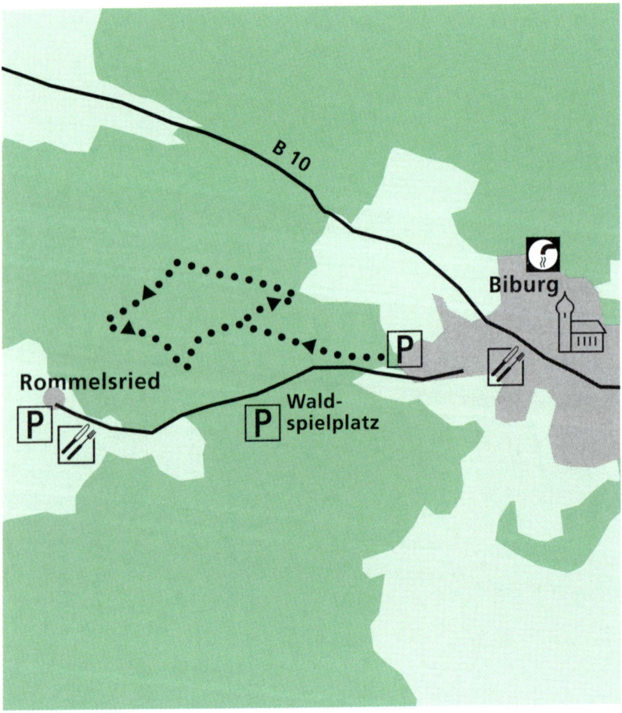

Routenbeschreibung

Wir beginnen die Wanderung am Waldparkplatz „Steineberg" zwischen Biburg und Rommelsried. Von hier gehen wir dem grünen Wanderschild folgend in westlicher Richtung auf sehr schönem Waldweg etwa 1 km bis zur Kreuzung.
Dort biegen wir rechts ab auf den Rundweg „Rundum im Forst Lindach". Ein Stück führt uns der Rundweg auf den „Schwäbisch-Allgäuer-Wanderweg" Richtung Dillingen (blaue Kreuze). Beim kleinen Waldweiher geht es links bis zur nächsten Kreuzung. Dort verlassen wir den „Schwäbisch-Allgäuer" und biegen links ab, der Markierung des Rundweges folgend, an der Lichtung wieder links und später nochmals links (geradeaus zum P 52) etwas bergan bis zu der Kreuzung, an der unser Rundweg begann. Nun rechts auf dem Hinweg zurück zum Parkplatz P 51.

Antonius-Quelle bei Biburg

14 Rundum im Weihergehau
Jettingen-Scheppach

Was Sie erwartet:
Ruhige kleine Wanderung auf dem bewaldeten Höhenrücken des „Weihergehaues" und hinunter zum Talbach.

Länge: 5 km = 1 Stunde
Start / Ziel: Parkplatz P 20 „Allerheiligen" unterhalb der Wallfahrtskirche östlich von Scheppach
Beschilderungsrichtung: entgegen Uhrzeigersinn
Hinweise: Kirche mit Jugendübernachtungshaus
Einkehrmöglichkeit: Allerheiligen; Jettingen-Scheppach

Routenbeschreibung

Vom Parkplatz aus führt der markierte Wanderweg „Rundum im Weihergehau" im Tal ostwärts zum Wald. Von dort noch etwa 1 km weiter, bis links der Forstweg mäßig steil hinauf zum Weihergehau führt. Auf dem Höhenrücken leitet der abgeschiedene Weg auf die herausragende Wallfahrtskirche „Allerheiligen" zu. Nun sind es nur noch wenige Meter auf dem steilen Pfad hinunter zum Ausgangspunkt.

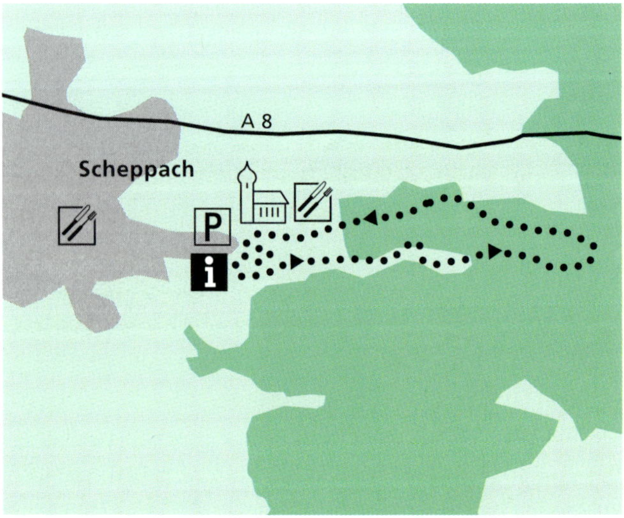

Wallfahrtskirche Allerheiligen bei Jettingen-Scheppach

15 Rund um den Uhlenberg mit Burgstall Dinkelscherben

Was Sie erwartet:
Abwechslungsreiche Wanderung auf Feld- und Waldwegen. Teilweise bergiges Gelände.

Länge: 6,5 km (kurze Variante) oder 8 km = 2 Stunden
Start/Ziel: Parkplatz P 55 nördlich des Landrat-Wiesenthal-Hauses (Kreisjugendheim) bei Dinkelscherben. Zugang von Dinkelscherben (Bahnhof; AVV: R 6) auf dem Pfarrer-Egger-Weg und vorbei an der Zusamkapelle (Sportplatz) zusätzlich ca. 1,5 km
Beschilderungsrichtung: entgegen Uhrzeigersinn
Hinweise: Naturlehrpfad (für Behinderte geeignet) gegenüber Landrat-Wiesenthal-Haus; Burgruine „Wolfsberg"; Burggräben „Schlößlesberg"; schönes Waldfreibad
Einkehrmöglichkeit: keine am Weg; Dinkelscherben

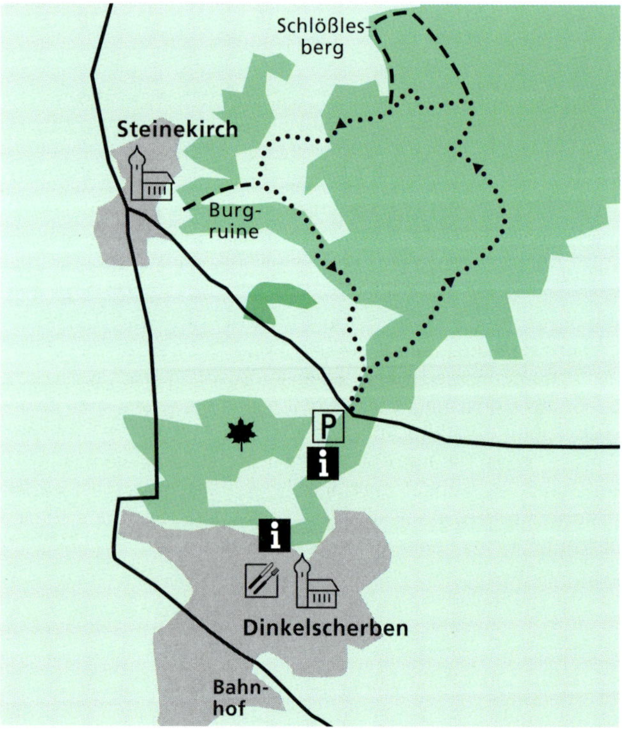

Routenbeschreibung

Beginn der Wanderung ist der Parkplatz P 55 an der Straße Lindach-Steinekirch nördlich des Kreisjugendheimes.
Wir gehen auf der Straße nordwärts und zunächst am Waldrand entlang. Beim Wegkreuz rechts in den Wald; dort weiter, bis wir auf eine Forststraße stoßen, auf der wir links weitergehen. Dann immer geradeaus auf dem Hauptweg. Links erhebt sich der mit Fichtenhochwald bewachsene Uhlenberg. Nach gut 1 km auf dem höchsten Punkt des Geländes angekommen, biegt unser Wanderweg links ab und führt vorbei an Mischwaldbeständen bis zu einer Querstraße, der wir nach rechts Richtung Zusmarshausen folgen. Bei der nächsten Querung geht es links und kurz darauf an der Kreuzung wieder links. Wir kommen nun zu der Stelle, wo wir entscheiden müssen, ob uns eine Wegstrecke von 6,5 km genügt oder ob wir noch weitere ca. 1,5 km anhängen wollen. Links in westlicher Richtung führt der Rundweg „Um den Uhlenberg".
Wir empfehlen jedoch den längeren Weg „Rund um den Burgstall": also geradeaus weiter; und dort, wo die Straße eine langgezogene Rechtskurve macht, links ab auf einen weichen Waldweg. Bei der Weggabelung „Am Rondell" geht es links weiter. Jetzt fällt der Weg steil bergab. Kurz vor dem Waldende schlängelt sich der Wanderpfad auf einem mit Holunderstauden bewachsenen Hohlweg, der wohl einstmals ein Teil der ehemaligen Burganlage „Schlößlesberg" (siehe S. 166) war. Bei einer Querung geht es links weiter. Wir umrunden den „Schlößlesberg", der sich links von uns mächtig erhebt. Der Weg mündet in eine Forststraße, der wir links aufwärts folgen; an der nächsten Weggabelung rechts weiter. Ein kleines Bachbett windet sich durch den Forst. Wir stoßen nun auf unseren ursprünglichen Weg „Rund um den Uhlenberg", halten uns weiterhin rechts und kommen kurz darauf aus dem Wald. Wir gehen links an Feldern und dann wieder links an einem schönen Feldkreuz vorbei bis zu einer Kreuzung. Hier kommt rechts die Straße von Steinekirch herauf. Geradeaus führt ein Weg zum „Wolfsberg", wo noch Reste einer alten Burgruine zu sehen sind (500 m; siehe S. 174). Der Rundweg wendet nach links und führt geradeaus in den Wald, dann bergab im Rechtsbogen ins Tal. Wir gehen südlich bergauf und am Waldrand entlang, bis sich beim Feldkreuz unsere Runde schließt.

Fremdenzimmer
Gasthaus

Zahlreiche Landgasthöfe und Biergärten laden zum Rasten ein. (links)

Nostalgie vergangener Zeiten: Der stillgelegte Bahnhof von Reichertshofen. (ganz oben)

Das historische Staudenhaus im Schwäbischen Volkskundemuseum Oberschönenfeld. (oben)

16 Rund um das Eisental
Ottmarshausen oder Aystetten

Was Sie erwartet:
Gepflegte Waldwege in schönem Mischwald.

Länge: 6 km = 1,5 Stunden
Start/Ziel: Parkplatz P 24 westlich von Ottmarshausen
Beschilderungsrichtung: entgegen Uhrzeigersinn
Hinweise: Infotafel „Trichtergruben"
Einkehrmöglichkeit: keine am Weg; Neusäß, Aystetten

Routenbeschreibung

Ausgangspunkt ist der Parkplatz P 24 bei Ottmarshausen, den wir nach dem Sportplatz am Waldrand erreichen. Wir nehmen der Markierung folgend den linken Weg und gehen auf diesem immer leicht bergauf. Bei diesem ersten Wegstück fallen dem aufmerksamen Wanderer die unzähligen Mulden und Löcher im Gelände auf. Wie uns bald darauf eine Tafel aufklärt, handelt es sich um „Trichtergruben", stille Zeugen früherer Bergbautätigkeit. Auf der Höhe mündet der Weg in eine breitere Waldstraße, auf der wir zunächst geradeaus, dann rechts Richtung Aystetten weitergehen. Wir kommen zum Ortsrand von Aystetten, gehen dort entlang und bei der Straße „Am Rosenhag" rechts hinauf und wieder zurück zum Parkplatz.

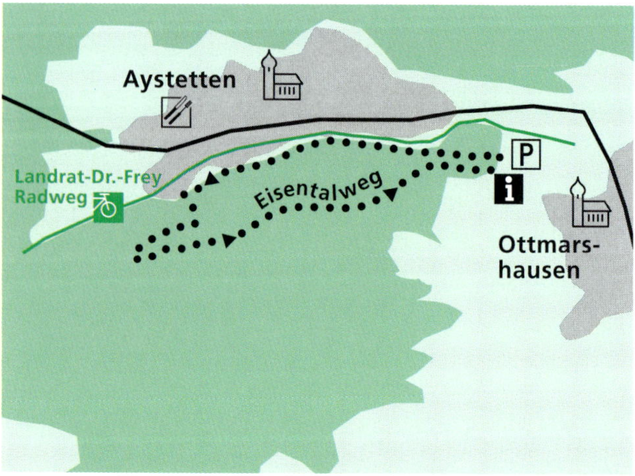

Beim „Blutigen Herrgott" oberhalb von Aystetten

17 Um den Loderberg
Aystetten

Was Sie erwartet:
Schöne Waldwege in teilweise hügeligem Gelände.

Länge: 7 km = 2 Stunden
Start/Ziel: Parkplatz P 23 von Hammel kommend vor dem Ortseingang von Aystetten
Beschilderungsrichtung: entgegen Uhrzeigersinn
Hinweise: am Parkplatz beginnt auch ein Trimm-Pfad
Einkehrmöglichkeit: keine am Weg; Aystetten

Routenbeschreibung

Ein herrlich weicher Waldboden und der in unmittelbarer Nähe befindliche Trimm-Pfad machen diesen Weg besonders für „Freiluftsportler" interessant.
Ausgangspunkt ist der Parkplatz P 23 an der Staatsstraße 2032 kurz vor Aystetten. Ein breiter Waldweg führt in nördlicher Richtung leicht bergauf. Wir biegen jedoch nach etwa 400 m rechts

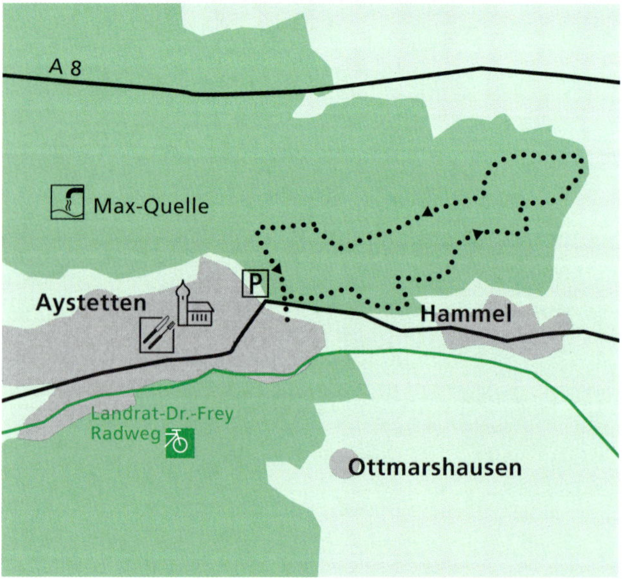

ab und gehen auf weichem Waldboden bis zu einer Kreuzung; dort geradeaus weiter und bevor das Gelände wieder bergab führt links leicht bergan. Wir stoßen auf einen Weg, dem wir rechts folgen. Wo der Waldrand den Blick auf Hammel freigibt, überqueren wir wieder einen Weg und gehen steil bergauf. Der Rundweg führt noch zweimal über einen Waldweg und quert auch die Waldstraße, die zum Hochweg führt. Links von uns erhebt sich der Loderberg, auf dem sich vermutlich eine vorgeschichtliche Befestigung befand, deren Substanz aber durch die mehrmalige Erweiterung des Wasserhochbehälters der Loderberggruppe bis auf wenige Wallreste zusammengeschmolzen ist. Das ferne Rauschen wird stärker. Wir nähern uns der Autobahn. Bald darauf kommen wir wieder auf die Waldstraße, der wir nun links bergauf folgen. Mannshohe Ginstersträucher säumen den Weg und stimmen uns auf den Frühling ein. Bald darauf stoßen wir auf den Hochweg, den wir in westlicher Richtung weitergehen. Linkerhand begleitet uns nun der Trimmpfad. Nach etwa 400 m geht es über den Vita-Parcours links bergab zurück zum Parkplatz.

Auf der Wanderung rund um den Loderberg

18 Rund um die Keltenschanze
Peterhof

Was Sie erwartet:
Kleine Waldwanderung auf guten Forstwegen; kurzes Stück Waldpfad.

Länge: 3 km = knapp 1 Stunde
Start/Ziel: Weiler Peterhof
Beschilderungsrichtung: im Uhrzeigersinn
Hinweise: 500 m westl. am Parkplatz P 7 Naturlehrpfad; Minigolf beim Peterhof.
Einkehrmöglichkeit: Peterhof

Routenbeschreibung

Der Rundweg beginnt beim Parkplatz Peterhof. Er führt vorbei am Minigolfplatz zunächst über einen Wiesenweg unterhalb der Stromleitung und dann im Wald in südlicher Richtung. Wir treffen auf eine Straße und folgen dort der Rundwegbeschilderung „Rund um die Keltenschanze" nach rechts. Nach etwa 100 m (Achtung: auf Wegschild links achten) zweigen wir vom befestigten Weg links ab und und kommen über einen schmalen

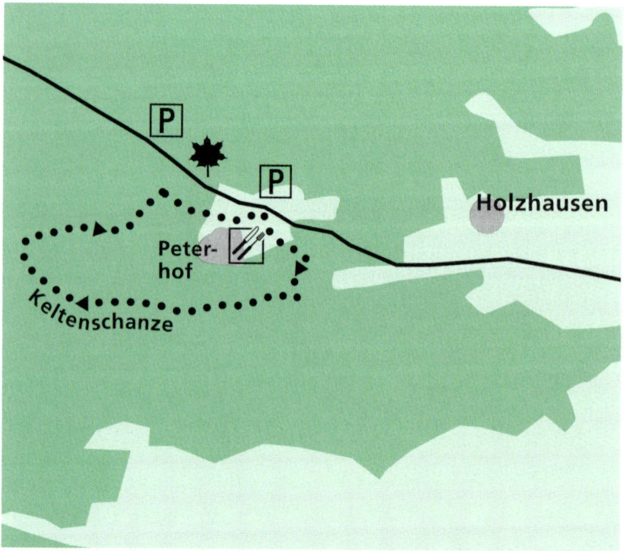

Wurzelweg durch ein romantisches Fichtenwaldstück an eine Kreuzung, an der wir der Beschilderung des Rundweges zur Keltenschanze folgend rechts bergauf weitergehen.
Hier besteht auch die Möglichkeit geradeaus 100 m zum Beginn des Rundweges „Rund um Rettenbergen" (Länge 2 km) weiterzugehen und diese beiden Rundwege zu verbinden.
Der gut begehbare Weg führt durch Mischwald immer geradeaus bis zur Informationstafel „Keltenschanze beim Peterhof". Hier erfahren wir, daß es sich um eine vorchristliche Kultstätte der damaligen keltischen Bevölkerung handelt.
Der Weg führt weiter und bei der nächsten Gabelung wieder geradeaus bis zu einer Kreuzung. Eine Ruhebank lädt zum Verweilen ein. Dann geht es wieder rechts, vorbei an alten Kiefern. Bei der nächsten Kreuzung wieder rechts und zurück zum Peterhof.

Minigolfanlage Peterhof

19 Rundweg „Um die Steighalde“ bei Wörleschwang

Was Sie erwartet:
Ruhige Waldwanderung auf Forstwegen in hügeligem Gelände.

Länge: 5 km = 1 Stunde
Start/Ziel: Parkplatz P 15 bei Wörleschwang; Zufahrt: 1 km südl. Wörleschwang den Dellerbach ostwärts zum Wald
Beschilderungsrichtung: im Uhrzeigersinn
Hinweise: Eugen-Rauner-Weg (siehe unten); Erlenbrünnele am Weg
Einkehrmöglichkeit: keine am Weg; Zusmarshausen, Wörleschwang

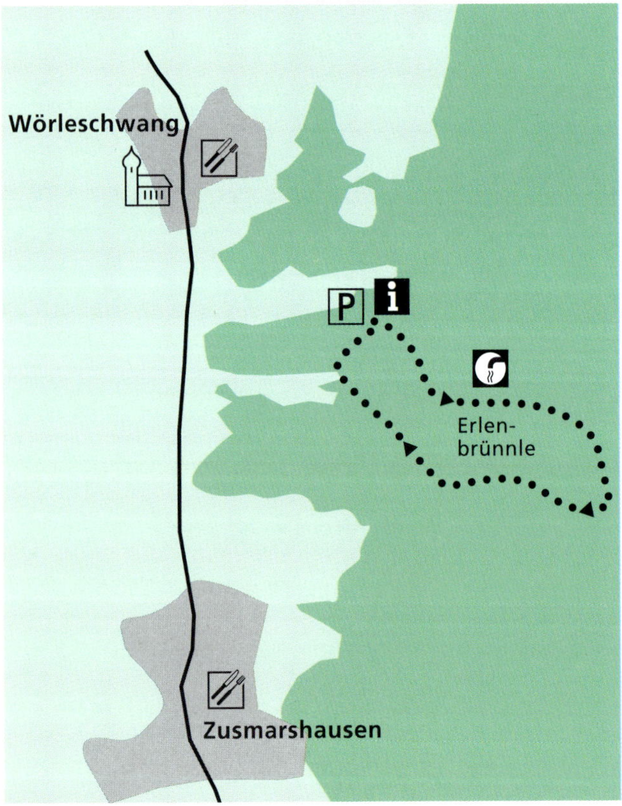

Routenbeschreibung

Am Parkplatz P 15 mit dem markanten Unterstandsplatz (erreichbar von der Staatsstraße zwischen Zusmarshausen und Wörleschwang aus) gehen wir rechts zunächst zum Erlenbrünnele. Der Weg und die Brunnenanlage sind dem „Pionier der Wanderwege", Eugen Rauner, gewidmet. Links des Weges stehen mächtige alte Eichen und Buchen, rechts Fichtenhochwald. Ein kleiner Bach schlängelt sich durch das moosige Gelände und begleitet den leicht ansteigenden Weg. Links sehen wir immer wieder Mischwald. Bald sind wir dann am „Erlenbrünnele".
Der Rundweg führt geradeaus weiter bis zu einer Weggabelung. Dort teilen sich die Rundwege. Rechts beginnt unser „Rundweg um die Steighalde".
Nun, zunächst kurz steil, entlang des engen Seitentals bergan. Nach etwa 1 km gilt es, sich an der Wegkreuzung halbrechts zu halten. Lärchen und Kastanien begleiten unseren Weg. Immer der Markierung folgend geht es meist leicht bergan. Schließlich weist uns die Markierung scharf nach rechts und nach 500 m an der Wegkreuzung geradeaus. Dann geht es steil bergab und an der nächsten Weggabelung rechts zum Parkplatz zurück.

Eugen Rauner – ein Augsburger Wanderpionier
1981 wurde im Streitheimer Forst bei Zusmarshausen der Eugen-Rauner-Weg benannt. Dies zum Gedenken an einen der engagiertesten Wanderpioniere der „Westlichen Wälder".
Eugen Rauner (20.1.1907 – 23.2.1980) war mit Leib und Seele mit seiner Heimat verwachsen. Schon 1957 begann er zusammen mit weiteren Helfern, allen voran Matthias Mödl, systematisch Wege zu markieren, Rastplätze einzurichten und Quellen zu fassen. Er schuf damit nicht nur eine hervorragende Basis für die Arbeit des 1974 gegründeten Naturparkvereins, dem er mehr als 1300 km markierter Wege und eine Vielzahl von Erholungseinrichtungen hinterließ. Er gab auch die erste Wanderkarte für das heutige Naturparkgebiet heraus und warb unermüdlich für das Naherholungsgebiet der „Westlichen Wälder".
Das Entstehen des Naturparks Augsburg – Westliche Wälder ist daher auch seinem großen Einsatz zu verdanken.
Sichtbares Zeichen der öffentlichen Anerkennung war die Verleihung des Bundesverdienstkreuzes und des Ehrenrings des Landkreises Augsburg.
Dem Wanderer täglich vor Augen ist das Werk Eugen Rauners in Form der vielfältigen Wanderwege und Erholungseinrichtungen im Naturpark Augsburg – Westliche Wälder.

20 Rundum an der Glött

Was Sie erwartet:
Stiller Rundwanderweg, zunächst im Tal der Glött, dann im Nadelwald.

Länge: 8 km = 2 Stunden
Start/Ziel: Parkplatz P 18 bzw. Gasthaus in Glöttweng
Beschilderungsrichtung: entgegen Uhrzeigersinn
Einkehrmöglichkeit: Glöttweng

Routenbeschreibung

Wir starten beim Gasthof Adler in Glöttweng auf der Teerstraße Richtung Winterbach. Noch vor dem Anstieg in den Wald verlassen wir die Straße nach rechts. Die nächsten fast 4 km wandern wir die Glött entlang, die sich lieblich von Weiden und Erlen eingebettet durch das Tal schlängelt. Pferdekoppeln und Viehweiden wechseln sich mit Fischteichen ab, so daß es immer etwas Neues zu sehen gibt. Dabei begleitet uns zu unserer Linken ein abwechslungsreicher Forst, schattenspendend und windabweisend.

Halbrechts vor uns taucht Winterbach mit seiner – für die schwäbische Dorflandschaft untypischen – Backsteinkirche auf. Wir stoßen auf die eingangs erwähnte Ortsverbindungsstraße Winterbach-Glöttweng, der wir nach links folgen. Nach knapp 4 km sind wir wieder am Ausgangspunkt unserer Wanderung.

Entlang der Glött

21 Rund um Violau

Was Sie erwartet:
Hügelige Wanderung auf ruhigen Waldwegen.

Länge: knapp 5 km = 1 Stunde
Start/Ziel: Parkplatz P 14 bei der Wallfahrtskirche Violau
Beschilderungsrichtung: entgegen Uhrzeigersinn
Hinweise: Sternwarte Violau mit Führungsmöglichkeit (Telefon: 0 82 95/8 40)
Einkehrmöglichkeit: Violau

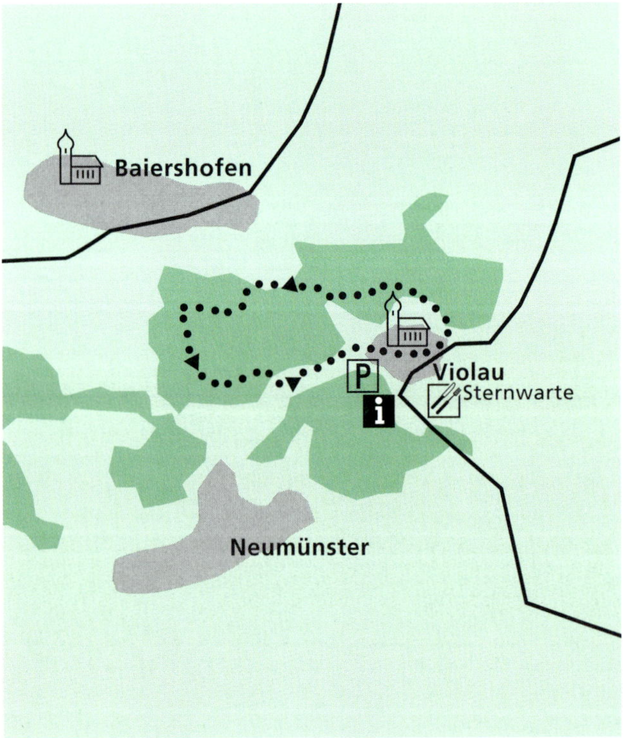

Routenbeschreibung

Die Wallfahrtskirche St. Michael im Ortsteil Violau der Gemeinde Altenmünster gilt zu recht als besonderes Juwel im Naturpark Augsburg – Westliche Wälder. Daneben ziehen das Bruder-Klaus-Jugendhaus und die Sternwarte Violau jährlich tausende von Besucher an.

In die herrliche Landschaft um Violau führt der Rundwanderweg „Rund um Violau".

Vom Parkplatz P 14 nahe der Kirche wandert man zunächst ostwärts durch das kleine Dorf bis zum Waldrand. Gleich am Ortsrand leitet uns links ein zunächst befestigter Waldweg leicht bergauf zum Höhenrücken über Violau. Schon bald bietet sich von hier oben ein schöner Ausblick nach Süden auf Kirche und Umgebung.

Der schmale Fahrweg bringt uns schließlich westwärts durch den Wald zum Waldrand. Die Häuser von Baiershofen, einem sehenswerten „Straßenangerdorf" und das Tal des Münsterbachs tauchen rechts auf. Doch wir wandern nicht rechts ins Tal hinunter, sondern geradeaus in den Wald hinein und biegen nach einigen hundert Metern scharf links ab. Den grünen Markierungsschildern folgend erreichen wir schließlich eine Weggabelung, an der wir rechts hinunter zum Waldrand und schließlich zur Verbindungsstraße Violau – Neumünster gelangen. Von hier sind es links nur noch einige Minuten entlang des herrlich naturnahen Tals bis zum Ausgangspunkt.

Wallfahrtskirche Violau

22 Rund um Bonstetten

Was Sie erwartet:
Ruhige Waldtour auf Wegen und Pfaden bis zum Staufenberg.

Länge: 6,5 km = 2 Stunden
Start/Ziel: Ortsmitte (Kreuzung) in Bonstetten
Beschilderungsrichtung: im Uhrzeigersinn
Einkehrmöglichkeit: Bonstetten

Routenbeschreibung

Die Rundwanderung führt zunächst auf der asphaltierten Kirchstraße den steilen Hohlweg hinauf Richtung Sportplatz. Bei der Feldkapelle müssen wir jedoch links auf den Wald zu. Die Markierung „Rund um Bonstetten" führt im Wald zunächst ständig bergab. Der Weg wird später grasbewachsen. An der nächsten Kreuzung nach etwa 1 km angelangt, halten wir uns links. Nun auf dem Schotterweg bis zu einem kleinen Weiher. Hier müssen wir nach rechts bergauf (geradeaus führt der Wanderweg „Rund um Welden" nordwärts). Wir halten uns nun immer rechts bis wir nach etwa 1 km zu einer Weggabelung kommen, wo es ebenfalls rechts weitergeht. Etwas später geht es wieder bergab. Noch ca. 200 m und wir verlassen den Weg nach links und folgen einem idyllischen Wurzelpfad, der zum Grasweg wird.

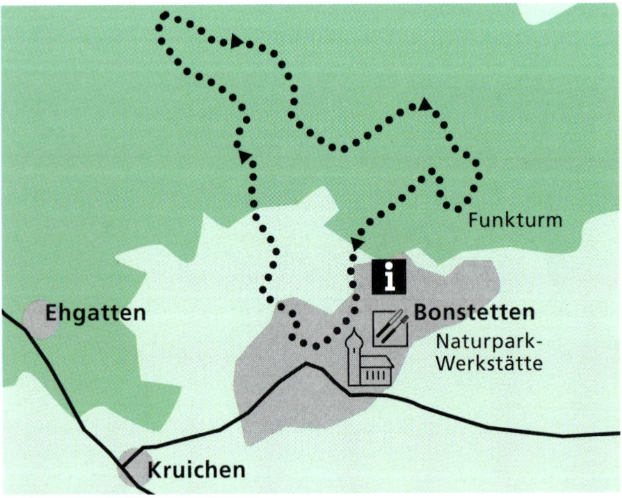

In leichten Windungen geht es nun ständig bergan und immer wieder bergan. Plötzlich stehen wir vor dem Funkturm auf dem 575 m hohen Staufenberg, dem höchsten Punkt im nördlichen Naturpark.
Für Eiszeitforscher und Geologen ist dieser Ort bedeutsam: Untersuchungen zur Schichtenfolge dieses Gebiets (von Penck und anderen) flossen ein in die gültige Theorie der voralpinen Eiszeiten.
Die Straße rechts leitet auf Bonstetten zu. Noch vor dem eingezäunten Funkturm zweigt unser Weg im spitzen Winkel nach rechts ab. Nun geht es steil bergab. Wir halten uns zweimal links und wandern dann außerhalb des Waldes hinunter nach Bonstetten.

Auf dem Wanderweg rund um Bonstetten

23 Rund um den Roßgraben
Lauterbrunn

Was Sie erwartet:
Landschaftlich besonders reizvolle, abgelegene Sommerwanderung auf Wald- und Feldwegen ohne größere Steigungen.

Länge: 5,5 km = 1,5 Stunden
Start/Ziel: Gasthaus in Lauterbrunn
Beschilderungsrichtung: im Uhrzeigersinn
Einkehrmöglichkeit: Lauterbrunn

Routenbeschreibung

Vom Gasthaus geht es zunächst auf der Hauptstraße südwärts und dann rechts.
Der Beschilderung „Rund um den Roßgraben" folgend gelangen wir auf dem zu Beginn asphaltierten Feldweg zu einem kleinen Weiher; dann beeindruckt links am Hang ein mächtiger alter Buchenbestand.

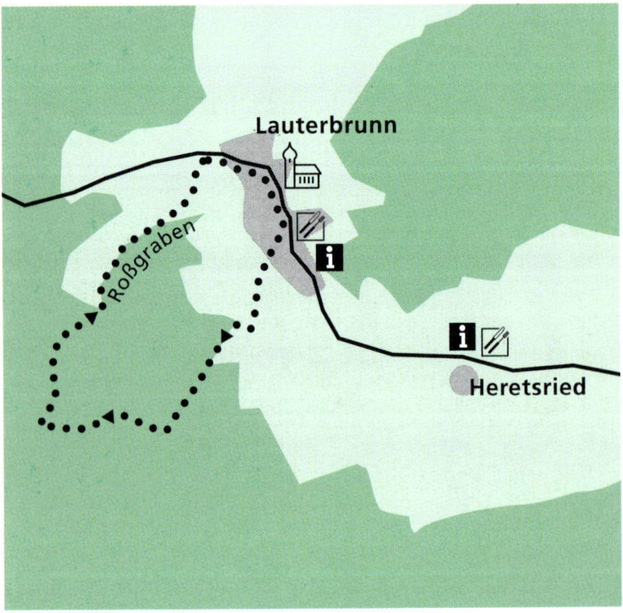

Nach einer Rechtskurve wandern wir Richtung Wald, dann – mit schönem Ausblick – am Waldrand entlang. Der „moosbedeckte Tann" des Holzwinkels bestimmt bis auf weiteres unsere Eindrücke. Dazwischen immer wieder lichtdurchfluteter Mischwald. An der Weggabelung müssen wir rechts – zugleich Hauptwanderweg nach Welden. Von links windet sich ein kleiner Bach durch den Wald. Hier entspringt der Roßgraben. Nach ca. 400 m geht es an der Kreuzung rechts. Am Wegrand steht eine mächtige alte Eiche.
Das Waldbild wird nun lichter. Wir verlassen den Wald auf einem Grasweg – rechts am Waldrand begleitet vom Bach. Auf dem Feldweg im landschaftlich reizvollen kleinen Tal gelangen wir schließlich zum Rand von Lauterbrunn und südwärts zum Ausgangspunkt.

Sommerlicher Garten in Lauterbrunn

24 Rundtour

Achsheim – Muttershofen – Feigenhofen – Achsheim

Was Sie erwartet:
Längere Wandertour, überwiegend im Wald. Wanderschuhe empfehlenswert.

Länge: 11 km = 3 Stunden
Start/Ziel: Achsheim Ortsmitte (oder Feigenhofen)
Beschilderungsrichtung: im Uhrzeigersinn
Hinweise: Trichtergruben im Wald
Einkehrmöglichkeit: Klaus-Hütte (nur am Wochenende)
Tip: Getränke und Brotzeit nicht vergessen!

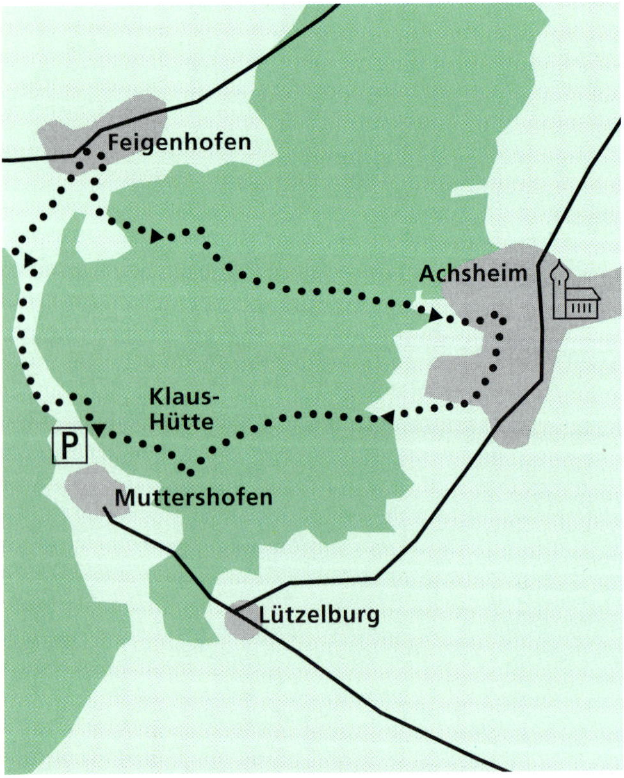

Routenbeschreibung

Wer bei Wanderungen der Geländegestalt Beachtung schenkt, dem sind im Wald vielleicht schon jene merkwürdigen kreisrunden Mulden und Löcher aufgefallen, die unter dem Begriff „Trichtergruben" beschrieben werden und von mittelalterlichem Eisenerzabbau herrühren.
Mehr als 8000 Gruben lassen sich allein westlich von Augsburg zwischen Achsheim, Aystetten und Straßberg feststellen.
Wir beginnen die Rundwanderung in Achsheim. In Ortsmitte, an der Bushaltestelle „Bauernstraße" geht es links in die Anna-Mertinger-Straße. Dann nach etwa 100 m links Richtung Muttershofen-Feigenhofen – zunächst auf dem Teerweg, dann auf dem Naturweg entlang eines Wiesentälchens immer leicht bergan. Später, im Wald bei einer Weggabelung, müssen wir uns links halten und wandern durch einen alten Hohlweg immer weiter bergan bis zu einer kleinen Waldkapelle, die „Nikolauskapelle". Sie wurde im Jahre 1847 auf Grund eines Gelübdes errichtet und im Jahr 1987 erneuert.
Wir gehen an der Kapelle links weiter, sodann bei einer Kreuzung geradeaus bis zur nächsten Abzweigung.
Dort rechts auf schönem Weg durch Mischwald, dann leicht bergab bis zur nächsten Abzweigung.
Links führt der Weg zum „Naturfreundehaus Klaushütte" (an Wochenenden geöffnet). Ein lohnenswerter Abstecher mit herrlichem Blick in das Muttershofer Tal. Nach einer Stärkung geht es zurück zum Rundweg.
An der genannten Abzweigung leitet uns der schöne Waldweg bergab und dann links bis zu einer Waldlichtung.
Wir überqueren das „Grundbächlein", dem wir nun die nächsten ca. 2 km durch den Wald folgen.
Am Waldrand sehen wir bereits den Ort Feigenhofen vor uns liegen.
In Dorfmitte biegen wir rechts in den Hirtenweg und gehen Richtung Wald bis zu einer Weggabelung. Dort links, steigen wir später im Wald geradeaus steil bergan bis zu einer Rastbank. Als nächstes wandern wir nach rechts bis zu einer Weggabelung; durch einen alten Hohlweg hinab gelangen wir schließlich zurück zum Ausgangspunkt nach Achsheim.

25 Rund um Welden

Was Sie erwartet:
Halbtägige, landschaftlich reizvolle Wanderung, überwiegend im Wald. Wanderschuhe empfehlenswert.

Länge: 13 km = 3 Stunden
Start/Ziel: Rathaus in Welden
Beschilderungsrichtung: entgegen Uhrzeigersinn
Hinweise: Pfarrkirche im und Thekla-Kirche über dem Ort sehenswert; „Ganghofer-Haus" mit Gedenktafel und „Ganghofer-Hütte" 2 km südlich von Welden erinnern an Ludwig Ganghofer, der hier seine Jugendjahre verbrachte
Einkehrmöglichkeit: Welden

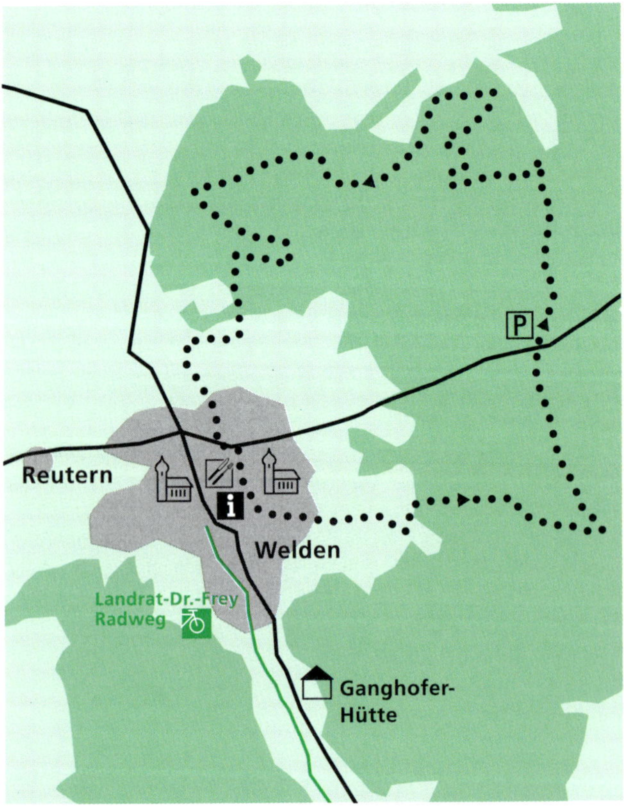

Routenbeschreibung

Der schöne Wanderweg führt uns vom Rathaus in Welden zunächst Richtung Lauterbrunn. Kurz vor dem Ortsende verlassen wir die Straße nach rechts. Der „Bonstettensteig" bringt uns an Einfamilienhäusern und Gärten vorbei zum Waldrand. Mächtige Eichen markieren den eigentlichen Beginn unserer Holzwinkel-Wanderung.
An der Wasserreserve etwa 100 m vorbei, dann verlassen wir den Hauptweg nach Bonstetten linkerhand. Es geht leicht bergan durch herrlichen Mischwald. Im Gelände links und rechts des Weges begleiten uns steile Hänge.
Am Ende der Geraden schwenken wir zunächst nach rechts um gleich wieder links weiter zu wandern. Die nächsten 500 m führen eben und geradeaus durch dunklen Fichtenwald – bis zu einer Kreuzung. Eine Ruhebank lädt hier zum Verweilen ein.
Nach einer kurzen Rast gehen wir links weiter (rechts schließt der Weg „Rund um Bonstetten" an). Einem gut befestigten Forstweg folgen wir geradeaus und queren bald die Ortsverbindungsstraße Welden – Lauterbrunn.
Nun geht es ständig terrassenförmig bergab. Entlang des Weiherbachs gelangen wir schließlich zu den idyllisch gelegenen Waldweihern (ein Abstecher rechts von wenigen Minuten).
An der nächsten Abzweigung heißt es, sich nach links und nach wenigen Metern wieder nach links zu wenden. Ein Stück des Weges begleitet uns nun der Wanderweg „Rundum im Bauerngehau". An der nächsten Wegegabel bleiben wir rechts und marschieren ständig leicht bergauf.
Und auf der Höhe schwenken wir nach halbrechts.
Nach etwa 500 m an der nächsten Kreuzung – hier zweigt links der Rundweg im Bauerngehau ab – halten wir uns rechts und folgen dem rot markierten Hauptwanderweg. Bevor der Weg bergab Richtung Emersacker geht, biegen wir an der Kreuzung links ab. Es geht ca. 1 km bergab, bevor wir auf eine Querung stoßen und links bergauf weitergehen. Nach einem weiteren Kilometer kommen wir aus dem Wald. Vor uns liegt das Laugnatal.
Links führt ein Pfad direkt am Waldrand entlang. Nach einer steil abfallenden Stelle (Vorsicht!) verlassen wir schließlich den Wald. Ein Kiesweg führt ins Tal. Von dort sind es links nur noch wenige Minuten nach Welden.

26 Um die Schneeburg
bei Welden

Was Sie erwartet:
Kleine Rundwanderung, 50 Höhenmeter hinauf zu den Wällen der ehemaligen „Schneeburg". Wanderschuhe empfohlen, da Aufstieg auf schmalem Erdpfad.

Länge: 2,5 km Rundweg plus ca. 2 km Zugang zur Hütte = insgesamt etwa 1,5 Stunden
Start/Ziel: Ganghofer-Hütte südlich von Welden; Zugang zur Hütte auf Forststraße vom Parkplatz P 10 am Südrand von Welden oder auf Kiesweg kurz nach Ehgatten
Beschilderungsrichtung: entgegen Uhrzeigersinn
Hinweise: „Ganghofer-Hütte" als herrliche Rasthütte; geschichtliche Erläuterungstafeln zur „Schneeburg" entlang des Weges
Einkehrmöglichkeit: Welden

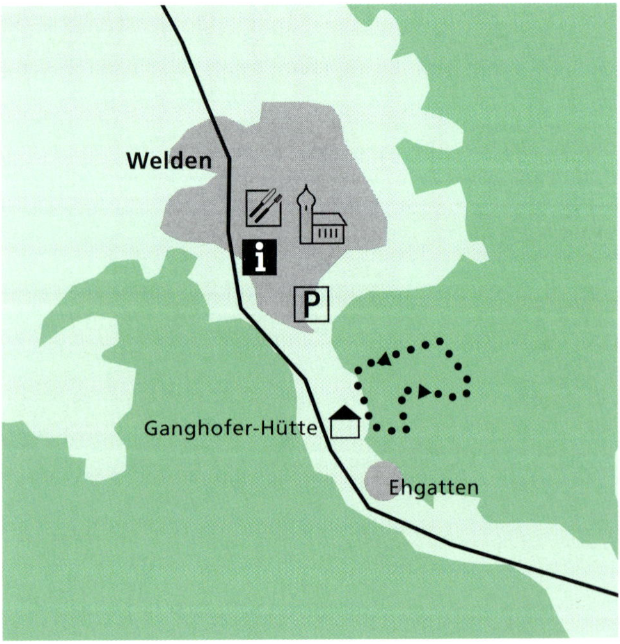

Routenbeschreibung

Zum Gedenken an den erfolgreichsten deutschen Autor des 20. Jahrhunderts, Ludwig Ganghofer, wurde 1988 als Rastmöglichkeit die Ganghofer-Hütte errichtet. Man erreicht sie entweder auf der Schwarzbrunnenstraße in Welden, vorbei am Waldparkplatz P 10 und weiter südwärts durch den Wald oder auf dem Kiesweg, der gegenüber der Straßeneinmündung Lüftenberg – Ehgatten abzweigt.
Von der Hütte aus (dort Info-Tafel) führt der Rundweg auf der Waldstraße kurz ostwärts ein Seitental aufwärts, biegt aber sehr bald links auf einen Erdweg ab, hinauf zur ehem. Schneeburg.
Auf dem manchmal etwas rutschigen Pfad erreichen wir den höchsten Punkt. Eine Erläuterungstafel informiert über die mittelalterliche Burganlage, die dort stand. Herrlich ist auch der Blick durch eine Waldschneise hinunter auf das Laugnatal.
Nun führt der Pfad ostwärts, mündet schnell bei einer neuerlichen Tafel auf den Forstweg und biegt nach weiteren 500 m links ab. Nach 5 Minuten geht es erneut links und wieder hinunter ins Tal der Laugna. Von dort aus ist es links nicht weit zur Hütte, rechts gelangt man problemlos zurück nach Welden.

Welden an der Laugna

27 Ganghofer-Rundweg plus Rundweg „Hubertussteig"

Was Sie erwartet:
Romantisch stille Täler leiten uns im „Schwäbischen Holzwinkel" auf den Spuren des Heimatschriftstellers Ludwig Ganghofer.

Länge: 8 km = 2 Stunden (kurze Variante) bzw. 13 km = 3,5 Stunden (lange Variante)
Start/Ziel: Welden (Ortsmitte)
Beschilderungsrichtung: Ganghofer-Rundweg im Uhrzeigersinn; Rundweg „Hubertussteig" (lange Variante) entgegen Uhrzeigersinn
Hinweise: Rasthütten Ganghofer-Hütte und Hubertushütte am Wege; sehenswerte Kirchen in Welden
Einkehrmöglichkeit: Welden

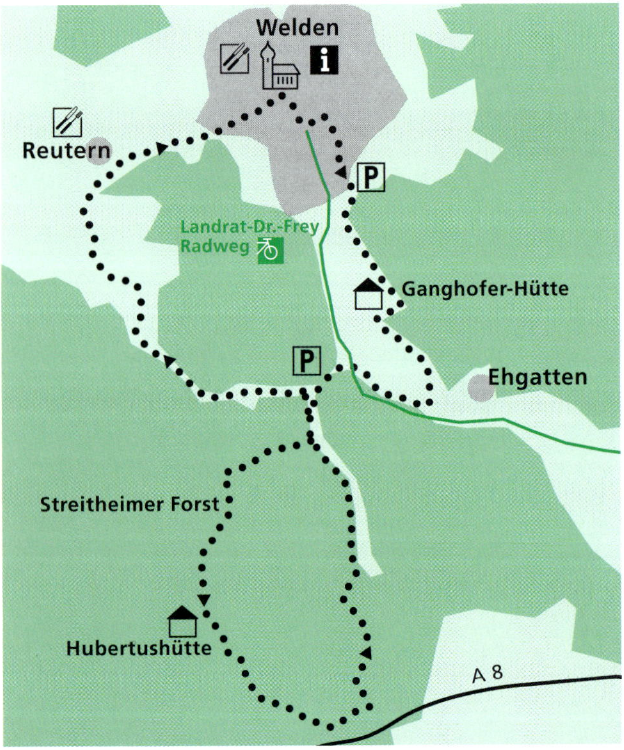

Routenbeschreibung

Vom Rathaus in Welden leitet uns die Straße südwärts, biegt kurz rechts in die Talstraße und wendet sich vor der Laugnabrücke links (Schwarzbrunnenstraße) Richtung Wald. In Waldrandnähe – vorbei an einer Hinweistafel zur „Schneeburg" – gelangen wir bald zur Ganghofer-Hütte. Etwas weiter wird die Staatsstraße überquert (Vorsicht !) und rechts auf dem Landrat-Frey-Weg (ehem. Weldenbahn) gleich nach der Holzbrücke der Parkplatz am Radschlagtal erreicht.
Nun geht es in den Wald. Wer zusätzlich den Rundweg „Hubertussteig" (= lange Variante) gehen möchte, bleibt auf dem Hauptweg. Ansonsten heißt es aufzupassen, um nach etwa 400 m den etwas schmäleren Abzweigungsweg nach rechts (Ganghofer-Rundweg) nicht zu verpassen.
Der „Hubertussteig" beginnt nach weiteren 400 m. An der Waldweggabelung müssen wir rechts abbiegen. Nach 700 m (10 Min.) geht es links ab vom Hauptweg. Die Fahrstraße wird bald verlassen. Durch den Baumbestand führt der Pfad idyllisch zur Hubertushütte und weiter zur Forststraße nahe der Autobahn. Dann wendet sich die Route wieder nach Norden, hinunter ins Tal. Schließlich wird die Abzweigung zur kurzen Variante erreicht.
Diese Strecke, der Ganghofer-Rundweg, führt im Wald sanft bergan, leitet uns rechts zum Waldrand und schließlich zur Asphaltstraße Richtung Reutern. Auf dieser nur kurz nach links, dann rechts auf dem Feldweg zum westlichen Waldrand und dort links entlang zum Sportplatz von Reutern. Schließlich wandern wir rechts hinunter zur Straße nach Welden. An der herrlichen Pfarrkirche schließt sich der Kreis unserer Wanderung.

Die Theklakirche in Welden

28 Rund um den Weldishof
Altenmünster

Was Sie erwartet:
Abwechslungsreiche, sehr hügelige Rundtour, überwiegend auf Waldwegen und teils steilen Steigen; 1,5 km asphaltierte Straße; Wanderschuhe empfohlen; **Trittsicherheit erforderlich!**

Länge: 8,5 km = 2 Stunden
Start / Ziel: beim Weldishof nordöstl. Altenmünster oder Waldrand nördlich Reutern
Beschilderungsrichtung: im Uhrzeigersinn
Hinweise: Steilabstieg am Wallberg; Schutzhütte am Wege
Einkehrmöglichkeit: Altenmünster, Reutern

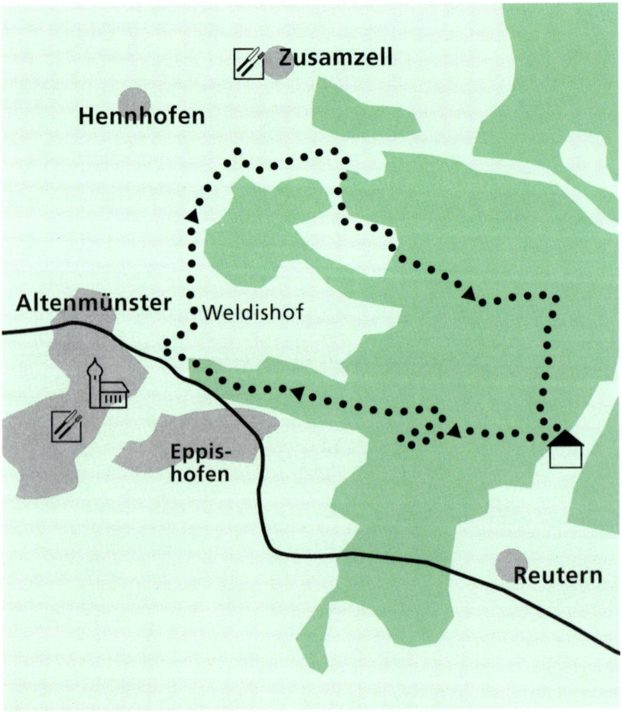

Routenbeschreibung

Am Ortsausgang von Altenmünster Richtung Eppishofen, kurz nach der Zusambrücke, beginnt der Rundwanderweg „Rund um den Weldishof". Er führt zunächst auf der wenig befahrenen Teerstraße (zugleich Teil des Zusam-Radwanderwegs) Richtung Zusamzell. Nach 1,5 km verlassen wir das Zusamtal rechts Richtung Osten.

In den nächsten 30 Minuten erwartet uns ein Aufstieg von ca. 70 Höhenmetern, der mit einem fantastischen Blick ins Zusamtal belohnt wird:

Zunächst auf einem Asphaltweg, stoßen wir bald auf eine Birkenallee, der wir nach rechts aufwärts folgen. Nach einer kurzen Waldpassage verlassen wir den festen Weg nach links. Wiesen und Weiden begleiten unseren Weg noch ein Stück, bevor wir den Höhenrücken erreichen.

Geradeaus über ein Stück Wiesenweg tauchen wir dann in den kühlen Fichtenforst. Nach einigen hundert Metern auf weichem Nadelboden erwartet uns ein steiler Abstieg, für den festes Schuhwerk erforderlich ist. Unten angekommen, folgen wir dem Schotterweg links aufwärts. Auf halber Höhe zweigen wir im rechten Winkel rechts ab und haben nach 5–10 Gehminuten mit 508 Höhenmetern den höchsten Punkt der Tour erreicht. Die „Tannenhütte", eine Waldarbeiterhütte 60 m rechts unseres Weges, bietet sich für eine kleine Rucksack-Brotzeit an.

Nach einem kurzen Wegstück mündet unser Waldweg in einen Querweg, dem wir nach links fast zum Waldrand folgen und dann im spitzen Winkel nach rechts im Wald bleiben. Links zeigt sich der Ortsrand von Reutern.

Nun wandern wir bequem abwärts, von einem romantischen Bachbett begleitet, bis es – nach etwa 1 km – wieder im spitzen Winkel nach rechts bergauf geht. Der steile Anstieg endet nach 200 m, wo wir wieder links weitergehen.

Nun kommt der fast alpine Teil des Weges:

Wir gehen unmittelbar auf die Wehranlage „Wallberg" zu. Die Forststraße wird zum Grasweg, dann immer schmäler und verdient schließlich die Bezeichnung „Steig".

Links, unterhalb des steil abfallenden Hangs, liegt Eppishofen. Am Geländesporn angekommen, wo sich ehemals eine Wehranlage befand, fällt das Gelände an drei Seiten jäh ab; man kann gut verstehen, daß dort im Mittelalter eine Verteidigungsanlage errichtet war.

Nach dem kurzen, steilen Abstieg im Wald liegt dann unser Ausgangspunkt fast vor uns.

29 Rund um den Mühlbühl
Emersacker

Was Sie erwartet:
Kleine „Waldrunde" westlich von Emersacker; auch mit Kinderwagen möglich.

Länge: 5 km = 1 Stunde
Start/Ziel: Parkplatz P 3 (Nord) am Westrand von Emersacker
Beschilderungsrichtung: entgegen Uhrzeigersinn
Hinweise: Burgstall im Wald
Einkehrmöglichkeit: Emersacker

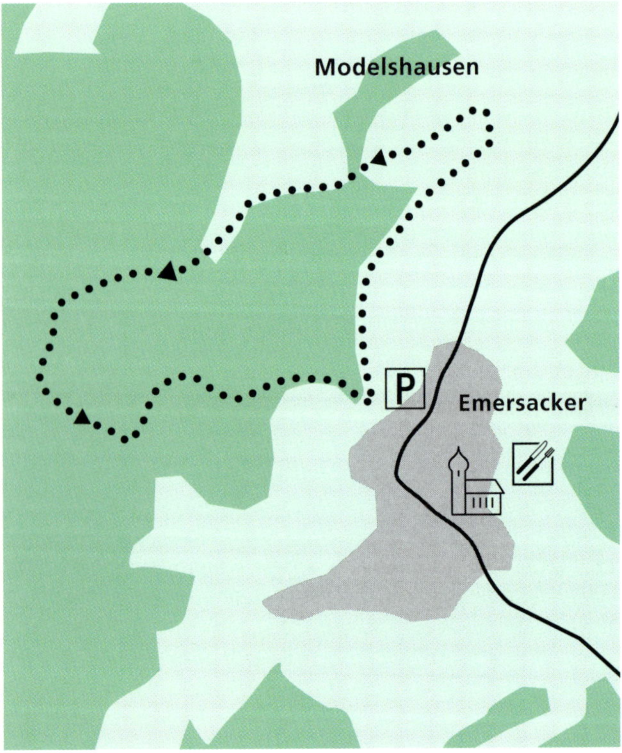

Routenbeschreibung

Von der Ortsmitte Emersackers führt die Schmidgasse zum Ausgangspunkt.
Auf dem Feldweg wandern wir zunächst Richtung Norden, entlang des Laugnatales mit Blick auf Bocksberg.
Im Ort Modelshausen geht es vor dem Friedhof links einen ehemaligen Hohlweg leicht bergan. Eine herrliche Aussicht auf das Laugnatal und Bocksberg hat man beim bald sich zeigenden Feldkreuz. Dann müssen wir links zum Wald. Rechts der Blick auf Hecken und auf Marzelstetten.
Nun geht in den Wald:
Zunächst sind Lärchenbestände zu sehen. An der Kreuzung biegen wir links ab, dann wieder rechts. An der nächsten Weggabelung marschieren wir links bergauf. Als nächstes gelangen wir an eine Kreuzung und geradeaus in den Buchenwald.
Bei der nächsten Querstraße geht es nach links und nach ca. 250 m erneut links bergab. Vorbei an einem kleinen Waldtümpel gelangen wir schließlich zurück nach Emersacker.

Ehemaliges Rathaus und Schloß in Emersacker

30 Rundweg um Lauterbach

Was Sie erwartet:
Landschaftlich reizvolle Tour über Felder und im Wald am Nordrand des Naturparks; gutes Schuhwerk und Geländegängigkeit nötig, da auf 2 km schlechter Pfad.

Länge: 8,5 km = 2 Stunden
Start/Ziel: Freibad südlich Lauterbach oder Ortsmitte
Beschilderungsrichtung: entgegen Uhrzeigersinn
Hinweise: Freibad und Kneipp-Anlage in Lauterbach
Einkehrmöglichkeit: Lauterbach, Illemad, Buttenwiesen

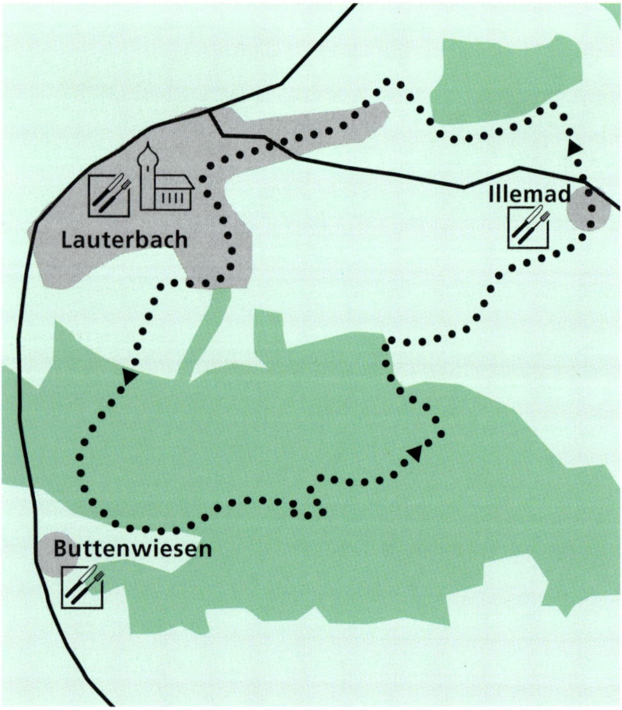

Routenbeschreibung

Wir beginnen die Wanderung im Ortszentrum von Lauterbach. Vor der Brauerei führt der Weg links in die Badstraße Richtung Freibad. Rechts davon folgen wir der Straße ständig leicht bergauf bis zum Ortsende.Dann auf dem Asphaltweg immer geradeaus bzw. leicht links weiter.

Auf der Höhe haben wir einen herrlichen Blick über die Donauebene bis hin in das ca. 10 km entfernte Donauwörth.

Nach wenigen Minuten geht es in den moos- und grasbedeckten Wald. Etwa 500 m weiter zweigt der Pfad links ab. Auffällige Hügel im Gelände rechts und links unseres Weges erweisen sich als Hügelgräber aus der keltischen Vorzeit.

Bald darauf verlassen wir den Wald und folgen der unbefestigten Fahrstraße nach links, bis wir auf die Fahrstraße Wortelstetten-Lauterbach treffen, der wir wiederum links folgen. Schon nach wenigen Metern zeigt sich eine Waldlichtung. Etwa 200 m später verlassen wir diese Straße nach rechts und kommen nach weiteren 100 m links auf einen schmalen, abenteuerlichen Gras- und Wurzelpfad, der uns zu einem geschotterten Waldweg führt.

Diesem folgen wir links, bis wir nach ca. 1 km zum Waldrand kommen. Hier rechts entlang.

Vor uns liegt nun der Weiler Illemad. Bei der kleinen Kapelle lädt u.a. ein Biergarten zur gemütlichen Rast ein.

Auf der Asphaltstraße gelangen wir in nördlicher Richtung bald zum Waldrand. Hier zunächst scharf links, dann – mit herrlicher Aussicht über das Donauried – wieder rechts am Rand entlang. Schließlich stoßen wir auf die „Römerstraße“, auf der wir nach links zum Ausgangspunkt Lauterbach zurückkommen.

Gaststätten im Naturpark Auszug

Gasthof Grüner Baum
Wertinger Straße 3
86647 **Buttenwiesen**
Telefon: 0 82 74/2 72
Telefax: 0 82 74/2 72
Ruhetag: Mittwoch
Zimmer: 6

Gasthof Adler
Fam. Hiller „Schwäbischer Kartoffelwirt“
Oettingen-Wallerstein-Straße 19
86473 **Ziemetshausen**
Telefon: 0 82 84/4 35
Telefax: 0 82 84/18 55
Ruhetag: Mittwoch
Betten: 24

Hotel Sonnenhof
Bes. St. Seiler
Messerschmittstaße 1
86470 **Thannhausen**
Telefon: 0 82 81/20 14
Telefax: 0 82 81/58 13
Ruhetag: keiner
Betten: 28

Gasthaus Pension Stern
Augsburger Straße 7
86842 **Türkheim**
Telefon: 0 82 45/12 56
Ruhetag: Mittwoch
Zimmer: 5

Hotel/Gasthof Zum Hirsch
Ch. Straub-Birzele
Schulstraße 7
86637 **Wertingen**
Telefon: 0 82 72/80 50
Telefax: 0 82 72/80 51 00
Ruhetag: Restaurant Samstag
Betten: 40

Hotel-Landgasthof Kreuz**
Fam. Kusterer „Schwäb. Kartoffelwirt"
Hauptstraße 22
87757 **Kirchheim**/Unterallgäu
Telefon: 0 82 66/17 38
Telefax: 0 82 66/21 67
Ruhetag: Mittwoch
Betten: 30

Gasthof Zur Sonne
Hauptstraße 75
89343 **Jettingen-Scheppach**
Telefon: 0 82 25/10 30
Telefax: 0 82 25/35 41
Ruhetag: Montag Nachmittag
Betten: 28

Hotel Restaurant Barbarahof
Hölderlinstraße 2/Ecke Bahnhofstraße
86470 **Thannhausen**
Telefon: 0 82 81/33 45
Telefax: 0 82 81/79 89 00
e-mail: barbarahof@vr-web.de
Ruhetag: keiner
Zimmer: 12

Gasthof Magg
Hauptstraße 8
86485 **Biberbach**
Telefon: 0 82 71/29 10
Telefax: 0 82 71/42 89 29
Ruhetag: Montag, Dienstag
Betten: 15

Waldgaststätte Engelshof –
Das autofreie Ausflugsziel zwischen
Burgwalden und Kloster **Oberschönenfeld**
Telefon: 0 82 38/24 74
Ruhetage: im Sommer: Dienstag
im Winter: Dienstag, Mittwoch, Donnerstag

Verkehrsverein Zusmarshausen
Erholungsort im Herzen des
Naturparks Augsburg – Westliche Wälder
Wertinger Straße 9
86441 **Zusmarshausen**
Telefon: 0 82 91/91 66
Ruhetag: Mittwoch Nachmittag, Sonntag

Die Post, Hotel und Restaurant
Augsburger Straße 2
86441 **Zusmarshausen**
Telefon: 0 82 91/18 80-0
Telefax: 0 82 91/83 63
Ruhetag: keiner
Betten: 40

Gasthof Adler
Ulmer Staße 19
86441 **Zusmarshausen**
Telefon: 0 82 91/2 37
Telefax: 0 82 91/79 09 55
Ruhetag: keiner
Betten: 16
Biergarten!

Gasthof Strasser und Hotel
Schloßstraße 2
86441 **Zusmarshausen**
Telefon: 0 82 91/12 59
Telefax: 0 82 91/93 01
Ruhetag: Mittwoch Nachmittag
Betten: 90
Hauseigene Metzgerei

Hotel Krone
Augsburger Straße 9
86441 **Zusmarshausen**
Telefon: 0 82 91/2 12
Telefax: 0 82 91/82 32
Ruhetag: Sonntag Abend
Betten: 110

Schwarzbräustüble
Marktplatz 4
86441 **Zusmarshausen**
Telefon: 0 82 91/10 29
Telefax: 0 82 91/1 61 82
Ruhetag: Donnerstag
Betten: keine

Café Spring
Inh. Hermann Spring
Augsburger Straße 7
86441 **Zusmarshausen**
Telefon: 0 82 91/10 32
Mo, Di, Do, Fr, Sa: 6.00-18.00 Uhr
Mi: 6.00-13.00 Uhr
So, Feiertag: 13.00-18.00 Uhr

Drei Linden Stuben
Stadionstraße 1
86441 **Zusmarshausen**
Telefon: 0 82 91/17 00
Telefax: 0 82 91/99 38
Ruhetag: Montag

Ortsbeschreibungen
(ohne Gewähr oder Anspruch auf Vollständigkeit)

Achsheim – Gründung im 8. Jahrhundert. Im Mittelalter Sitz eines Ortsadels. Später bis 1803 im Besitz des Augsburger Domkapitels. Pfarrkirche St. Peter und Paul: Im Kern spätgotisch. Neubau im späten 17. Jahrhundert von V. Brenner. Im Laufe des 18. Jahrhunderts weitere Umbau- und Erweiterungsmaßnahmen. 2 Burgstallanlagen in der „Weidach" an der Schmutter und „Auf der Halde" im Achsheimer Hart, mit wenig erhaltenen Befestigungsresten.

Adelsried – Rodungsort aus dem 11. Jahrhundert, entstanden aus einem bischöflich augsburgerischen Forsthof. Bis 1803 überwiegend im Besitz des Augsburger Augustiner-Chorherren-Stifts Hl. Kreuz.
Pfarrkirche St. Johannes d. T.: Turmunterbau von der Vorläuferkirche des 16. Jahrhunderts. Neubau 1773. Qualitätvolle, einheitliche Ausstattung im Barockstil. Fresken von J. Gg. Lederer 1733.
Rastplätze beim Blutigen Herrgott und an der Schwefelquelle. Das Wasser der Schwefelquelle enthält keine schwefelhaltigen Bestandteile, sie leitet vielmehr ihren Namen von dem Wort „schwellen" ab.

Affaltern – Rodungssiedlung, bis 1803 im Besitz des Domkapitels Augsburg.
Pfarrkirche St. Sebastian: Neubau 1698 von Valerian Brenner, im Laufe des 18. Jahrhunderts mehrfach umgebaut.

Agawang – Rodungssiedlung der 1. Ausbauperiode (8./9. Jahrhundert). Im Mittelalter Sitz eines Ortsadels (Schloß abgerissen), bis 1803 überwiegend im Besitz des Augsburger Domkapitels.
Pfarrkirche St. Laurentius: Spätgotische Vorläuferkirche, 1732 vollständiger Neubau von J. Dossenberger d. Ä. nach Entwurf von J. Meitinger aus Ustersbach. Qualitätvolle Ausstattung (u. a. Stuck von F. X. Feichtmayr, Fresken von J. G. Lederer).

Aichen – Pfarrkirche St. Ulrich: Spätgotischer Vorgängerbau. 1727 Neubau des Langhauses und des Turmes mit gleichzeitigem Umbau des Chores. Baumeister und Stukkateur Mich. Stiller aus Ettringen.

Aislingen – Alamannische Gründung des 7. Jahrhunderts. Erste urkundliche Erwähnung 1050. Sitz der Herren von Aislingen, später im Besitz des Hochstifts Augsburg. Landeshoheit: Markgrafschaft Burgau.
Pfarrkirche St. Georg: Im Kern spätgotisch, 1736 baulich verändert. Restaurierungen im 19. Jahrhundert.

Kirche St. Margaretha: Gotische Anlage barock überarbeitet. Stuck und Gemälde 1732. Klassizistischer Altar. Typischer spätgotischer Satteldachturm.
Kapelle St. Sebastian: Zentralbau 1629/30 oberhalb des Ortes anstelle einer Ringwallanlage des 9./10. Jahrhunderts.
Ehemaliges Schloß: 1860 abgebrochen, heute Burgstall südlich des Ortes.

Allerheiligen – siehe Jettingen

Allmannshofen – Rodesiedlung des 11./12. Jahrhunderts.
Pfarrkirche St. Nikolaus: 1714 einheitlicher Neubau von Chr. Wiedemann, Ende 19. Jahrhundert erweitert.
Mittelalterliche Wehranlage am Schmuttertalhang in Resten erhalten, genannt „Klause".

Altenbaint – Erste urkundliche Erwähnung 1345, späte Ausbausiedlung von Weisingen. Nach anfänglich mehrfachem Besitztumswechsel seit dem 15. Jahrhundert bis 1803 unter der Grundherrschaft des Augsburger Katharinenklosters.
Pfarrkirche St. Stephan: Neubau 1784, einheitliche Ausstattung aus der Erbauungszeit (Übergangsstil Rokoko-Klassizismus).

Anhausen – Ausbausiedlung der Urmark Diedorf (8./9. Jahrhundert). Bis 1803 unter der Grundherrschaft des Augsburger Domkapitels.
Pfarrkirche St. Adelgundis: Spätgotische Vorläuferkirche. Neubau 1708–1716, Baumeister H. G. Mozart (der Urgroßonkel des Komponisten W. A. Mozart). Qualitätvolle Ausstattung aus der Entstehungszeit.
Trimm-Anlage beim Sportplatz; „Exotenwald" siehe S. 94.

Anhofen – Kapelle Unserer Lieben Frau: Neubau 1824.

Anried – Rodungssiedlung des 11./12. Jahrhunderts. Wechselnde Besitztumsverhältnisse (v. Wolfsberg, Fugger, v. Schnurbein).
Pfarrkirche St. Felizitas und ihre 7 Söhne: Vorläuferkirche 15. Jahrhundert, Neubau 19. Jahrhundert.

Aretsried – Rodungssiedlung des 11. Jahrhunderts.
Erste urkundliche Erwähnung 1209 zusammen mit den Besitzrechten der Herrschaft Seifriedsberg. 1751 als Lehen an die Grafen von Oettingen-Wallerstein. Pfarrkirche St. Pankratius: im Kern spätgotisch. Größerer Umbau 1625. 1828 Neubau unter Einbeziehung des alten Turmes.

Auerbach – Entstehung in der 2. Rodungsperiode (11.- 13. Jahrhundert). Mehrfacher Besitzwechsel, zuletzt bis 1803 im Besitz

der Klöster Fultenbach und Oberschönenfeld sowie des Heilig-Geist-Spitals Augsburg.
Kapelle St. Nikolaus: Neubau 1698 durch das Kloster Fultenbach, Baumeister Valerian Brenner.

Augsburg – Eine der bedeutendsten deutschen Renaissance-Städte mit über 2000-jähriger Geschichte; zahlreiche kulturhistorische Bauwerke, Sehenswürdigkeiten und Museen:
z. B. Schaezlerpalais mit berühmtem Rokokofestsaal, Rathaus des Stadtbaumeisters Elias Holl mit „Goldenem Saal", Brecht-Haus oder Fuggerei – die älteste Sozialsiedlung der Welt. Zoo und botanischer Garten.
Vielzahl von Kulturveranstaltungen, Festen und Märkten (z. B. Friedenfest, Plärrer).
Info: Telefon 08 21/50 20 70, Telefax 08 21/5 02 07-45.

Aystetten – Rodungssiedlung des 11./12. Jahrhunderts. Erste urkundliche Erwähnung 1424. In ständig wechselndem Besitz insbes. Augsburger Patrizierfamilien, die auch Schloßherren waren.
Alte Pfarrkirche St. Martin: Kernbau spätes 15. Jahrhundert. Um 1730 umgebaut, dann mehrfach restauriert. Ausstattung aus der Entstehungszeit teilweise noch erhalten.
Neue Pfarrkirche St. Martin: Moderner Neubau 1964/66.
Schloß: Alte Anlage aus dem 16. Jahrhundert. Nach Zerstörungen im 30-jährigen Krieg wieder instandgesetzt und im 18. Jahrhundert erweitert. Bemerkenswerte Innenausstattung (u. a. schöner Wessobrunner Stuck, Fayencezimmer). Seit 1858 im Privatbesitz der Familie von Stetten.
Schlößchen Luisenruh: 1796 vom Augsburger Stadtbaurat B. v. Hößlin für seine Gattin erbaut.
Trimm-Anlage am Parkplatz östlich des Ortes.

Baiershofen – Rodungssiedlung der 1. Hälfte des 14. Jahrhunderts, im Besitz des Klosters Fultenbach.
Typisches, mittelschwäbisches Straßenangerdorf.
Pfarrkirche St. Leonhard: Turm spätgotisch, Chor und Langhaus Anfang 18. Jahrhundert, qualitätvolle Ausstattung, Deckenfresko von Dominikus Zimmermann (1724).

Bad Wörishofen: 15 km südlich des Naturparks.
Hier wirkte Sebastian Kneipp; reiches kulturelles Programm; großer Falkenhof und herrlicher Rosen- und Duftgarten im Stadtpark. Beim Ortsteil Kirchdorf Freizeitpark. Info Kurdirektion: 0 82 47/9 69 05-0.

Balzhausen – Pfarrkirche St. Veit: Schöner Rokokobau, 1766/68 von J.G. Hitzelberger erbaut. Deckenfresko von J.G. Bergmüller. Stattlicher Hochaltar 1778.

Kapelle St. Leonhard: Wallfahrtskapelle mittelalterlichen Ursprungs. Neubau 1724 wohl von Mich. Stiller aus Ettringen. Kapelle St. Maria: Erbaut Ende des 17. Jahrhunderts für ein spätgotisches Mariengnadenbild.

Bannacker – Ehem. Gutshof, entstanden im 11./12. Jahrhundert. Erste urkundliche Nennung um 1200 als bischöflicher Besitz. Im 13. Jahrhundert Nachweis eines nach dem Ort benannten Rittergeschlechtes. Kapelle St. Leonhard: Heutiger Bau Frühwerk des Jos. Dossenberger von Wollishausen (1741).
Burgstall westl. des Weilers ohne deutliche Geländespuren.

Batzenhofen – Entstehung im 8. Jahrhundert aus einem Meierhof, zusammen mit dem ersten Kirchenbau das Zentrum der Hirblinger Urmark. Im 12.–14. Jahrhundert Sitz eines Ortsadelsgeschlechtes. Grundherrschaft überwiegend durch das Damenstift St. Stephan (Schenkungsurkunde von Bischof Ulrich aus dem Jahre 969). Heute Stadtteil von Gersthofen.
Pfarrkirche St. Martin: Älteste, erhaltene Bauteile um 1500, Chorerhöhung und Neubau des Langhauses 1720. Qualitätvolle Ausstattung überwiegend aus der Erbauungszeit. Fresken J.G. Kuen. Altarbild von J.G. Bergmüller.
Kapelle St. Sebastian: 1766 erbaut.
Ehemaliges Schloß: Im 18. Jahrhundert anstelle der Burg der Herren von Batzenhofen als Sommersitz des Damenstiftes St. Stephan erbaut (heute Altersheim).

Bergheim bei Augsburg – Im 8./9. Jahrhundert als Ausbausiedlung von Inningen entstanden. Zunächst im Besitz verschiedener Augsburger Klöster und Bürger, dann nach und nach der Fugger. Seit 1972 durch Eingemeindung ein Stadtteil von Augsburg.
Pfarrkirche St. Remigius: Erster Kirchenbau wohl aus karolingischer Zeit. Heutige Anlage Wiederaufbau nach den Zerstörungen des 30-jährigen Krieges (1693), neue Innenausstattung 1790/91, schöne Fresken von J. J. A. Huber.

Biberbach – Ortsgeschichte in engem Zusammenhang mit Markt. Ursprünglich bis zum Bau der Burg in Markt Sitz der Herren von Biberbach und der Marschälle von Pappenheim. 1514 Verkauf der Herrschaft Biberbach an Kaiser Maximilian I. mit sofortiger Verpfändung an die Fugger.
Pfarr- und Wallfahrtskirche St. Jakob: 2 Vorgängerkirchen im 12. bzw. 15. Jahrhundert. Wegen des wachsenden Zuspruchs der schon im Mittelalter entstandenen Wallfahrt Kirchenneubau 1693 – 1697 durch Valerian Brenner aus Günzburg.
1753 umfangreiche Überarbeitung der Innenausstattung (Stuck F. X. Feichtmayr, Seitenaltäre in Scagliolatechnik von Dominikus

Zimmermann, Fresken von Balthasar Riepp aus Tirol.
Gnadenbild Kruzifixus um 1220, das „Liebe Herrgöttle von Biberbach"). Schön gestaltetes Pfarrhaus (1765); Kirchenführung jeden Sonntag, 15 Uhr.

Biburg – Rodungssiedlung des 8./9. Jahrhunderts, bis 1803 im Besitz des Stiftes St. Moritz/Augsburg.
Pfarrkirche St. Andreas: Entstehungszeit 13. Jahrhundert, 1738 umgebaut und erweitert, im 19. und 20. Jahrhundert mehrfach verändert. Gestühl und Holzfiguren 18. Jahrhundert. Deckenfresko 1785 von J. B. Anwander, Augsburg.
Richtung Rommelsried: Waldspielplatz Föhrenberg

Bieselbach – Im 12. Jahrhundert erstmals urkundlich erwähnt.
Dorfkapelle St. Franz Xaver, 1747 wahrscheinlich von Jos. Dossenberger d. J. erbaut. Hochbedeutender Flügelaltar von dem Ulmer Bildhauer Daniel Mauch (1504), ursprünglicher Standort in der Kapelle des ehem. Horgauer Schlosses.

Binswangen – Früheste Siedlungsreste und -funde aus der Römerzeit. Im 12. Jahrhundert von Wertingen aus gegründet, im 14. Jahrhundert Sitz eines Ortsadels. Seit 1552 unter der Herrschaft der Fürstabtei Kempten, später der Markgrafschaft Burgau. Im 14./15. Jahrhundert Ansiedlung jüdischer Bevölkerungsteile. Pfarrkirche St. Nikolaus: 1739 umfangreiche Umbauarbeiten unter Verwendung älterer Bauteile. Ende des 19. Jahrhunderts Turmerhöhung, 1920 umfassende Innenrestaurierung.
Bruderschaftskapelle St. Maria vom Skapulier: Von der Familie Schertlin 1617–1630 als Familiengrablege erbaut, seit 1700 Marien-Wallfahrtskirche mit anschließender Barockausstattung. Originelle Grundrißform (Zentralbau in der Form eines griechischen Kreuzes mit Mittelkuppel).
Ehemalige Synagoge: Neubau 1835, kürzlich aufwendig restauriert; Synagogenführung über LRA Dillingen, Telefon 0 90 71/5 11 45 oder Herrn Prinz, Telefon 0 82 72/32 80.
Jüdischer Friedhof ca. 1200 m nordöstlich des Ortes im Jahre 1660 angelegt. Schöne Bürgerhäuser, Anfang 19. Jahrhundert.
Burgstall: Vorläuferanlage des 15. Jahrhunderts, 1546 zerstört und 1570 – 1573 von der Familie Schertlin von Burtenbach wiederaufgebaut. 1743 grundlegende Umgestaltung durch die Familie von Knöringen. Anfang des 19. Jahrhunderts abgebrochen.

Birkach – Erste urkundliche Erwähnung 969. Überwiegend im Grundbesitz des Klosters Oberschönenfeld, der Herrschaft Schwabegg, des Hochstiftes Augsburg und der Herrschaft Fugger-Mickhausen (Landeshoheit Markgrafschaft Burgau).
Kapelle St. Antonius von Padua: Um 1671 erbaut, 1709 erweitert. Schöner Barockaltar.

Blankenburg – Vom 12.–15. Jahrhundert Sitz eines Ortsadels (Dienstherren der Bischöfe von Augsburg). Nach mehrfach wechselnden Verpfändungen und Verkäufen fuggerisch.
Filialkirche St. Agatha: Turmuntergeschosse und Chor aus der 2. Hälfte des 15. Jahrhunderts, Langhaus 1713, Turmerneuerung 1761/62.
Burgstall im Hennesberger Holz: Mittelalterliche Anlage, Sitz der Herren von Blankenburg, seit dem 14. Jahrhundert in bayerischem Besitz, im 30jährigen Krieg endgültig zerstört. Befestigungsreste noch erkennbar.

Bocksberg – Ehemals zur alten Urmark Laugna gehörig. 1190 erstmals genannt. Sitz der Marschälle des Hochstifts Augsburg. 1613 Verkauf an die Fugger.
Filialkirche Hl. Dreifaltigkeit und St. Leonhard: einheitlicher Neubau von 1748.
Burgruine Bocksberg: Im 13. und 14. Jahrhundert Sitz eines Rittergeschlechtes, anschließend versch. Patrizierfamilien, zuletzt der Fugger. Mehrfach zerstört. teilweise wiederhergestellt.
Mittelalterlicher Turmhügel auf dem "Buschelberg" südlich des Ortes.

Bonstetten – Rodungssiedlung der zweiten Rodungsperiode um 1000; überwiegend im Besitz der Klöster St. Ulrich und Afra Augsburg und Oberschönenfeld.
Pfarrkirche St. Stephan: 1983 abgebrochen und unter Einbeziehung des gotischen Turmes neu aufgebaut.
Standort der Naturpark-Werkstätte im Gemeindebauhof .

Breitenbronn – Entstehung im 11. Jahrhundert. Erste urkundliche Erwähnung 1255. Zuerst im Besitz der Bischöfe von Augsburg, dann der Herren von Kemnat auf Burg Hattenberg. Seit 1455 dem Domkapitel Augsburg gehörig. Obervogtamt bis 1803.
Pfarrkirche St. Margaretha: Neubau um 1730 unter Verwendung spätgotischer Bauteile. Baumeister J. Meitinger aus Ustersbach.

Brennburg (Viereckschanze) – Am Wanderweg Unterrothan – Willmatshofen liegt die sehr gut erhaltene spätkeltische Viereckschanze „Brennburg" aus dem letzten Jahrhundert vor unserer Zeitrechnung. Sie diente ursprünglich kultischen Zwecken. Info-Tafel am Rand der Anlage.

Bürgle bei Markt Wald – Kapelle: Erbaut in der ersten Hälfte des 18. Jahrhunderts. Burgstall westlich des Ortes. Mittelalterliche Anlage des 12. Jahrhunderts, 1477 zerstört.
500 m nördlich des Ortes Christoph-Scheiner-Aussichtsturm des Naturparkvereins.

Burgwalden – Beliebter Ausflugsort für Wanderungen mit zahlreichen Weihern. Bis 1503 „Ettenhofen“. Als Rodungssiedlung im 11. Jahrhundert entstanden. Zunächst im Besitz des Benediktinerklosters St. Ulrich und Afra in Augsburg, dann unter der Grundherrschaft verschiedener Adels- und Patrizierfamilien, ab 1629 fuggerisch.
Filialkirche Unsere Liebe Frau und St. Franziskus: Neubau 1513, 1689 Grundinstandsetzung, 1766 Neugestaltung des Innenraumes.
Abgegangenes Wasserschloß im Bereich des Schloßweihers um 1510 von A. Höchstetter d. Ä. erbaut und Mitte des 18. Jahrhunderts abgebrochen.

Burtenbach – Seit dem 12. Jahrhundert Sitz eines Ortsadels (Ministerialen des Hochstifts Augsburg). Seit 1532 im Besitz der Herren Schertlin von Burtenbach, seit 1546 evangelisch, später verschiedenen Augsburger Patrizierfamilien gehörig.
Evangelische Pfarrkirche: Barocker Saalbau, ursprünglich gotische Wehranlage. Gute Ausstattung (Grabsteine aus dem 16./17. Jahrhundert).
Ehem. Schloß: Alte Anlage 1737 umgebaut.
Schöner Gasthof: 1730 von S. Kraemer erbaut.
Viereckschanzen auf dem Sulzrücken und auf dem Vogelburger Berg sowie Grabhügel östlich des Ortes.

Buschelberg (Ringwall) – siehe Fischach.

Buttenwiesen – Rodesiedlung. Erste urkundliche Erwähnung im 12. Jahrhundert. Als Besitz der Markgrafen von Burgau seit 1301 habsburgisch. 1599 Ansiedlung von Juden.
Pfarrkirche Hl. Dreifaltigkeit: Im Kern aus der 2. Hälfte des 15. Jahrhunderts. Umbau 1630, Neuausstattung 18. Jahrhundert. Neubau des Turmes 1725.
Synagoge: Vorgängerbau aus dem 17. Jahrhundert, 1857 durch einen Neubau ersetzt (nicht zugänglich). Jüdischer Friedhof, Gründung 1632.

Derndorf – Filialkirche St. Vitus: Ehemalige Wallfahrtskirche. Im Kern spätgotisch um 1500. Umbauten im 17. und 18. Jahrhundert.

Deuringen – Frühe Besiedlung von Steppach aus. Entwicklung zur Ortschaft um 1700 aus einem Einzelhof. Mehrfacher Besitztumswechsel.
Kapelle St. Joseph: Einheitlicher Bau 1721.
Filialkirche St. Gabriel: 1960/61.

Diedorf – Alter Siedlungsmittelpunkt für das ganze Umland, erste urkundliche Erwähnung 1062, bis zum 12. Jahrhundert Sitz eines Ortsadels. Seit Mitte des 13. Jahrhunderts bis 1803 unter

der Grundherrschaft des Dominikanerklosters St. Katharina in Augsburg.
Alte Pfarrkirche St. Bartholomäus: Unter Verwendung romanischer und gotischer Bauteile im 17. Jahrhundert umgebaut. Neubau 1736 von einheimischen Künstlern und Handwerkern. Einheitliche Ausstattung in spätbarockem Stil.
Kapelle St. Leonhard und Wolfgang: Errichtet 1766, Ausstattung aus der Erbauungszeit.
Pfarrkirche Herz Mariä: Moderner Neubau 1965/67.
Schöner Bürgerpark sowie Sternwarte.

Dietkirch – Erste urkundliche Erwähnung 1150. Zunächst im Besitz des Bischofs von Augsburg, dann vom 14. Jahrhundert bis 1803 unter der Grundherrschaft des Klosters Oberschönenfeld.
Filialkirche St. Leonhard: Neubau 1728, Ausstattung überwiegend 19. Jahrhundert.
Pfarrkirche St. Johannes d. T.: Auf einer Schmutterinsel in dem zu Gessertshausen gehörigen Weiler Dietkirch erbaut. Frühe Taufkirche als kirchlicher Mittelpunkt für die nähere und weitere Umgebung, bis 1803 unter dem Patronatsrecht des Klosters Oberschönenfeld. Mittelalterlicher Vorläuferbau (12. Jahrhundert). 1713 Ersatzbau für die Anlage des 17. Jahrhunderts. Baumeister: Franz Beer aus Vorarlberg.

Dillingen – Alte Ansiedlung. Burg der Gaugrafen des Brenzlaues. Nach ihrem Aussterben 1258 durch Schenkung an das Augsburger Hochstift. Vom 15.–18. Jahrhundert Residenz der Augsburger Bischöfe. 1554 – 1804 Universitätsstadt. Schwere Kriegsschäden in der Zeit vom 16.–18. Jahrhundert. Seit 1802 bayerisch.
Jesuitenkirche Mariä Himmelfahrt: Erbaut 1610–1617, frühe barocke Wandpfeilerkirche von mächtiger Raumwirkung (Gegenreformation!). Neue Innendekoration im Rokokostil 1750–1765 von I. Finsterwalder. Deckenmalerei von Chr. Th. Scheffler und Fr. J. Degle, 1751. Choraltar nach Entwurf von J. Gg. Bergmüller. Figuren von J. M. Fischer.
Ehemalige Universität: Erbaut 1688–1689. Schöne Aula, 1761–1764 neu dekoriert.
Jesuitenkollegium: Erbaut 1736–1738, vierflügelige Barockanlage mit Arkadenhof.
Pfarrkirche St. Peter: 1619–1628. Dreischiffige Hallenkirche mit spätbarocker Dekoration (1725) und Ausstattung aus der Erbauungszeit.
Klosterkirche: 1736. Kleine Anlage mit gutem Raumeindruck. Baumeister J. G.Fischer aus Füssen. Feiner Frührokokostuck von I. Finsterwalder. Kruzifixus 1550.
Schloß: Imposante Anlage des 13. Jahrhunderts, ehem. Sitz der Dillinger Gaugrafen, später bischöfliche Residenz. Mehrfache Umbauten des 17. und 18. Jahrhunderts.

Bemerkenswerte Wohngebäude, typisch für den Übergang der Gotik zur Renaissance und zum Barock.
Info Stadt über Tel. 0 90 71/5 41 08.

Dinkelscherben – Rodungssiedlung des 11. Jahrhunderts. Ortsgeschichte eng verknüpft mit der Markgrafschaft Burgau, später mit dem Domkapitel Augsburg, dort vertreten durch das Obervogtamt auf der Burg Zusameck. 1545 Markterhebung.
Pfarrkirche St. Anna: Im Kern spätgotisch, grundlegende Umbauten im 18. Jahrhundert.
Ehemaliges Spital: Von dem Neubau aus dem Jahr 1606 Kapelle noch erhalten. Umbau und Erweiterung 18. Jahrhundert und 1979/80.
Burgstall Zusameck: Entstehung der Burg im 11. Jahrhundert 85 m über dem Ort, 1388 zerstört und neu aufgebaut. Anfang 19. Jahrhundert abgebrochen bis auf die noch erhaltene Burgkapelle. Heimatmuseum „Zehentstadel"; Naturlehrpfad, Wiesenthal-Haus (Schullandheim und Übernachtungshaus mit Erlebnispfad) auf dem Burgberg. Regelm. Feste und Märkte, u.a. Schäfflertanz und Marktstoi; schönes Waldfreibad. Info: 0 82 92/20 20

Döpshofen – Rodesiedlung des 11. Jahrhunderts. Grundherrschaft bis 1803 durch das Augustiner-Chorherrenstift Hl. Kreuz in Augsburg.
Pfarrkirche St. Martin: Ursprüngl. spätgotischer Bau 1698 abgebrochen, Wiederaufbau 1701/02. Schöne Ausstattung, u. a. 3 Altäre aus der 1803 abgebrochenen Klosterkirche in Wessobrunn.

Druisheim – Pfarrkirche St. Veit: 1731/32 von J. K. Radmiller erbaut. Gute Rokokoausstattung, Fresken von Matth. Günther. Kapelle der Schmerzhaften Muttergottes: Stuck J. M. Feichtmayr, Fresken Matth.Günther. Ortsgeschichte in engem Zusammenhang mit den Burghöfen bei Mertingen. Sitz eines Ortsadels, ehem. Burg seit dem 15. Jahrhundert verfallen. Seit 1552 fuggerisch, von 1662 bis 1803 durch Verkauf im Besitz des Klosters Holzen.

Edenbergen – Rodesiedlung des 11. Jahrhunderts zur Urmark Hirblingen gehörig. Vom Mittelalter bis 1803 überwiegend im Besitz des Augsburger Frauenklosters St. Stephan.
Kapelle aus dem 19. Jahrhundert mit guten Holzfiguren.

Eggerhof – im 8./9. Jahrhundert entstandener Weiler, überwiegend im Besitz des Augsburger Domkapitels.
Kapelle zur Schmerzhaften Muttergottes: Karolingische Gründung. Langhaus der 2. romanischen Vorgängerkirche bis 1765 erhalten. Neubau des Chores 1488 (im Kern noch erhalten). Nach weiteren Instandsetzungen Neubau des Langhauses

1765 durch J. Meitinger aus Ustersbach. Fresken von J. B. Enderle. Schön gestalteter Gutshofbau (um 1730).

Ehingen – Urmarksiedlung mit der ältesten Pfarrei in der Umgebung. Ortsadelssitz. Kirchensitz vom 14. Jahrhundert bis 1803 im Besitz des Klosters Benediktbeuern. Seit 1575 im Besitz der Fugger.
Pfarrkirche St. Laurentius: Neubau 1717. Gute Ausstattung überwiegend aus der Erbauungszeit. Stuck A. Feichtmayr.
Filial- und Wallfahrtskirche Unsere Liebe Frau: Einheitlicher spätgotischer Bau (1594) mit größeren Umbauten Anfang des 16. Jahrhunderts. Seit 1675 Grablege der Fugger-Nordendorf. Stuck in der Fuggerkapelle von Joh. Schmuzer (1671).
Burgstall nördl. der Frauenkirche: Ehemalige kleine Wasserburg, im 19. Jahrhundert abgegangen.

Eisenbrechtshofen – Abgegangene Filialkirche St. Stephanus. Abbruch des reich ausgestatteten Baues (17. Jahrh.) im Jahre 1812.

Elmischwang (Schloß) – siehe Wollmetshofen.

Ellerbach – Erste urkundliche Erwähnung 1278, überwiegend im Besitz des Klosters Fultenbach.
Pfarrkirche St. Peter und Paul: Teile der gotischen Vorläuferkirche noch erhalten, Neubau 1860, malerische Lage.

Emersacker – Entstanden aus einem Einzelhof, 1613 von Friedr. Schertlin v. Burtenbach an die Fugger verkauft.
Pfarrkirche St. Martin: Langhaus und Chor 1717 erbaut. Ehemals fuggersches Schloß aus dem 17. Jahrhundert.

Engelshof – Ehemaliges Schlößchen, heute Gutshof und Gastwirtschaft, bis 1803 dem Augsburger Kloster St. Georg gehörig. Kernbauten des 17./18. Jahrhunderts nur noch teilweise erhalten. Wildgehege.

Eppisburg – Erste urkundliche Nennung 1130, Ortsadelssitz. Nach wechselhaften Herrschaftsverhältnissen seit dem 16. Jahrhundert im Besitz des Hochstifts Augsburg. Pfarrkirche St. Nikolaus: Mit Ausnahme des Turmes moderner Neubau (1922).
Vorgeschichtlicher Abschnittswall auf dem Eichberg sowie mittelalterliche Burgställe am Hohen Berg und am Schellenberg.

Ettelried – Vom 12.–14. Jahrhundert im Besitz eines Ortsadels, dann durch Verkauf an die Fugger und an die Familie v. Schnurbein.
Pfarrkirche St. Katharina: Im Kern spätes 15. Jahrhundert, 1688 grundlegend umgestaltet unter Leitung von Joh. Schmuzer aus Wessobrunn. Malerarbeiten J. Scherer, 19. Jahrhundert.

Ehem. Schloß: Klassizistischer Bau (1792). Geburtshaus der berühmten Malerfamilie Scherer.
Burgstall Rauhenberg: Mittelalterlicher Adelssitz, Wall und Graben noch gut sichtbar. Verschanzung „Hohe Reute", vermutlich befestigter Hof aus vor- oder frühgeschichtlicher Zeit.

Ettringen – Karolingische Gründung. Mit der Herrschaft Schwabegg 1268 an Bayern.
Pfarrkirche St. Martin und Nikolaus: Spätbarocker Umbau von Matth. Stiller (1755/57) einer älteren Anlage (im Chor noch erhalten). Stattliche Anlage mit guter, teilweise klassizistischer Ausstattung. Altäre, Fresken von Chr. Wink, Hofmaler aus München). Burgstall im „Kastenholz": In Resten noch erhaltene hochmittelalterliche Anlage südwestlich des Ortes. Ohne geschichtliche Daten.

Fischach – Durch jungsteinzeitliche und frühbronzezeitliche Funde auf dem Buschelberg Nachweis einer vorgeschichtlichen Besiedlung des Fischacher Raumes. Erste urkundliche Erwähnung 981. Unter der Landesherrschaft der Markgrafschaft Burgau vielfältige Grundbesitzverhältnisse (Domkapitel Augsburg sowie verschiedene Klöster und Stifte). Seit dem 16. Jahrhundert Sitz einer jüdischen Gemeinde.
Pfarrkirche St. Michael: Kernbau spätgotisch (um 1490). 1730 Neubau des Chores, 1753 Umgestaltung des Langhauses. Gute Ausstattung (Fresken von Fr. M. Kuen aus Weißenhorn, Stuck von J. Meitinger aus Ustersbach). Kirchenerweiterung 1964/65.
Jüdische Synagoge: 1739/40 erbaut, im frühen 19. Jahrhundert abgebrochen. Jüdischer Friedhof (seit 1774) südlich des Ortes. Juden siedelten seit dem 16. Jahrhundert in Fischach und beteiligten sich aktiv am öffentlichen Leben. 1942 wurden alle noch verbliebenen jüdischen Bürger deportiert.
Ehem. Schloß: An der Stelle des heutigen Rathauses, im 30-jährigen Krieg zerstört.
Burgstall Hattenberg: Ehem. bischöfliche Schirmburg, im 11. Jahrhundert von den schwäbischen Kämmerern von Kemnat erbaut. 1287 Zerstörung der Burg durch bischöfliche Knechte. Verwendung der Steine der bis 1780 vorhandenen Ruine zum Bau des Brauhauses Ustersbach. Ringwall Buschelberg: Jungsteinzeitlicher und frühbronzezeitlicher Siedlungsplatz. Ende des Frühmittelalters Ausbau der Befestigungen zur Flieh- und Schutzburg gegen die Ungarn. Info-Tafeln auf dem Berg („Um den Buschelberg"). Volksfest im Frühjahr/Sommer; Märkte; Veranstaltungen in der Staudenlandhalle (aktuelle Info: Rathaus).

Freihalden – Hochmittelalterliche Rodungssiedlung, typisches mittelschwäbisches Straßenangerdorf. Seit 1363 im Besitz der Herren von Knöringen und anderer Adelsfamilien.

Im 17. Jahrhundert verödet, seit Anfang des 18. Jahrhunderts in Stauffenbergischem Besitz. Pfarrkirche St. Mariä Verkündigung: Neubau 1928 von Dominikus Böhm.

Fultenbach – Ortsgeschichte identisch mit der Klostergeschichte. 1. Gründung im 8. Jahrhundert, 2. Gründung nach Zerstörung durch die Ungarn im 12. Jahrhundert. Ehemalige Benediktiner-Klosteranlage, 1811 abgebrochen.

Gabelbach – Entstehung im 8./9. Jahrhundert. Im 13./14. Jahrhundert Sitz eines Ortsadels. Seit dem 15. Jahrhundert vollständig im Besitz des Hl.-Geist-Spitals in Augsburg.
Pfarrkirche St. Martin: Frühroman. Vorläuferkirche des 10. Jahrhunderts, Turmunterbau spätromanisch. Neubau 1590–1618 mit der ältesten Orgel Schwabens von 1609; umfangreiche Veränderungen Anfang des 18. Jahrhunderts. Wegen Baufälligkeit 1737/38 als glanzvolle Barockkirche neu erbaut, 1768 Turmerhöhung durch J. Dossenberger. Insgesamt reiche, einheitliche Ausstattung (Fresken von J.G. Wolcker). Sa. und So. geöffnet; Führungen unter Tel. 0 82 91/92 09. Histor. Pfarrhof (1623).
2 Burgstallanlagen nördlich der Pfarrkirche bzw. südlich der Bahnlinie.
Jugendzeltplatz d. KJR u. Naturlehrpfad an der Rücklenmühle.

Gabelbachergreut – Rodungssiedlung, im 14. Jahrhundert aus einem älteren Einzelhof entstanden. Erste urkundliche Erwähnung 1327. Besitz des Augsburger Domkapitels. Typisches mittelschwäbisches Straßenangerdorf.
Kuratiekirche St. Leonhard: 1737 Neubau anstelle einer abgebrochenen Vorgängerkirche. Baumeister J. B. Ettl aus Augsburg. Schöne Ausstattung.

Gablingen – Alamannische Ursiedlung aus dem 6./7. Jahrhundert. Vom 16. bis zum 19. Jahrhundert in Fugger´schem Besitz.
Pfarrkirche St. Martin: Chor und Turm spätgotisch. 1734–1738 Neubau des Langhauses durch Jos. Schmuzer aus Wessobrunn. Gute Ausstattung (u. a. Stuck von J. Schmuzer, Fresken von J. G. Lederer).
Ehem. Schloß: Heutiger Bau im Kern aus dem 16. Jahrhundert. Innenerneuerung im späten 18. Jahrhundert. Seit 1189 im Besitz des Augsburger Dominikanerinnenklosters St. Ursula.
Burgstall „Schloßberg" im Gablinger Hart: Wenig erhaltene mittelalterliche Anlage ohne nähere Daten.
Archäologisches Museum des Heimatvereins (n. V.).

Gailenbach – Rodungssiedlung des 11. Jahrhunderts. Ehem. Schloß aus dem 16. Jahrhundert mit stattlichem Gutshof. Heute Filiale des Franziskanerinnenklosters St. Maria Stern in Augsburg.

Gessertshausen – Erste urkundliche Erwähnung 1150. Zunächst im Besitz des Bischofs von Augsburg, dann vom 14. Jahrhundert bis 1803 unter der Grundherrschaft des Klosters Oberschönenfeld. Filialkirche St. Leonhard: Neubau 1728, Ausstattung überwiegend 19. Jahrhundert.
Pfarrkirche St. Johannes d. T.: Auf einer Schmutterinsel in dem zu Gessertshausen gehörigen Weiler Dietkirch erbaut. Frühe Taufkirche als kirchlicher Mittelpunkt für die nähere und weitere Umgebung, bis 1803 unter dem Patronatsrecht des Klosters Oberschönenfeld. Mittelalterlicher Vorläuferbau (12. Jahrhundert). 1713 Ersatzbau für die Anlage des 17. Jahrhunderts. Baumeister Franz Beer aus Vorarlberg. Gute Ausstattung.

Glöttweng – Erste Erwähnung 1130. Burgauisches Lehen, anfangs zusammengeschlossen mit Landensberg und Konzenberg. Später im Besitz des Hochstifts Augsburg.
Kirche St. Oswald: Einfacher Barockbau 1726. Gute Ausstattung. Mittelalterlicher Burgstall auf dem Bachberg mit älterer Vorläuferanlage.

Grimoldsried – Bis 1805 im Besitz des Hospitalstiftes Augsburg. Pfarrkirche St. Stephan: Im Kern spätgotisch (um 1490) mit guter Ausstattung insbesondere aus dem 17. und 18. Jahrhundert. Staudenkapelle südlich des Ortes.

Guggenberg (Schloß) – Ehemaliger Forsthof des Hochstiftes Augsburg. Bis kurz vor der Säkularisation Lehensgut verschiedener Augsburger Adels- und Patrizierfamilien. Schloßbau 1470 durch die Familie Langenmantel. Privatbesitz (kein Zutritt)

Gundremmingen – Alamannische Gründung des 7. Jahrhunderts. Zunächst unter staufischer Grundherrschaft, dann im Besitz eines Ortsadels (Lehen der Grafen von Dillingen) und des Hochstifts Augsburg.
Pfarrkirche St. Martin: Im Kern gotisch, barock verändert. Ausstattung neubyzantinisch (1908). Spätrömisches Kastell „Bürgle" östlich des Ortes, Römerstraße. Burgstall am Hang oberhalb der Kirche. Schöner Gasthof, stattlicher Bau des 18. Jahrhunderts. Standort eines Kernkraftwerks.

Habertsweiler – Rodungssiedlung des 11. Jahrhunderts, im 15. Jahrhundert abgegangen, Wiederaufbau 1460, Besitz der Herrschaft Seifriedsberg. 1971 Eingemeindung nach Langenneufnach. St.Leonhards-Kapelle: Neubau 1769 mit volkstümlich-barocken Schnitzfiguren.

Häder – Gründung um 1000, erste urkundliche Erwähnung 1177. Im 12. Jahrhundert Sitz eines Ortsadelsgeschlechtes.

Überwiegend im Besitz des Reichsstiftes St. Ulrich und Afra in Augsburg.
Pfarrkirche St. Stephan: Im Kern romanische Anlage (Turmuntergeschoß). Chorunterbau spätgotisch. 1765 Langhausneubau, Chorerhöhung und einheitliche Innenausstattung durch den Augsburger Hofbaumeister I. Paulus. Gute Decken- und Altarbilder von Joseph Mages. Stuck von F. X. Feichtmayr.

Hainhofen – Alter Siedlungsmittelpunkt des Schmuttertales. Entstehung im 8./9. Jahrhundert. Erste urkundliche Erwähnung 1276, meist im Besitz Augsburger Patrizierfamilien (u. a. Langenmantel, Fugger, v. Rehlingen).
Pfarrkirche St. Stephanus: Chorturm als ältester Bauteil aus dem 14./15. Jahrhundert. Neubau des Langhauses und des Chores 1718/19. Im Turmuntergeschoß restaurierte gotische Wandfresken aus dem späten 14. Jahrhundert.
Schloß: Ursprünglich mittelalterliches Wasserschloß. Neubau des Hochschlosses im 16. Jahrhundert (nur noch in Resten erhalten), des heute noch bestehenden Langschlosses im 18. Jahrhundert.

Haldenburg (Burgstall) – siehe Schwabegg.

Haldenwang – Mittelalterliche Geschichte unbekannt. Seit dem 15. Jahrhundert als Burgauisches Lehen im Besitz verschiedener Adelsfamilien.
Pfarrkirche der Unbefleckten Empfängnis Mariä: ehemalige Wallfahrtskirche. Gotischer, barock umgestalteter Bau (Deckenfresken von A. Enderle und Chr. Keller (1763), seit 1979 in der Pfarrkirche in Heimpersdorf bei Thierhaupten).
Schloß: Neugotischer Neubau 1859.
Bronze- und hallstattzeitliche Hügelgräber östlich des Ortes.

Hammel – Ortsgeschichte im Zusammenhang mit der im 11./12. Jahrhundert auf dem Hammelberg errichteten Burg (= Wohnsitz eines bischöflichen Dienstmannengeschlechtes). 1154 Verlegung des in Muttershofen gegründeten Augustinerklosters auf den Hammelberg (1167 Übersiedlung des Klosters nach Augsburg/Hl. Kreuz). Heute Burgstall mit noch gut erhaltenen Befestigungsresten. Im 16. Jahrhundert Bau des unteren Schlosses, nach Zerstörungen im 30-jährigen Krieg 1687 wiederaufgebaut. Heute im Privatbesitz der Familie von Stetten (kein Zugang).

Haselbach – Gründung des 8./9. Jahrhunderts. Seit Mitte des 15. Jahrhunderts im Besitz der Herren von Schellenberg. Pfarrkirche St. Stephan: Umbau eines spätgotischen Vorläuferbaues aus dem 15. Jahrhundert.
Um 1600 umfangreiche Erneuerungen, um 1700 barock umge-

staltet. Klassizistische Ausstattung. Deckengemälde von J. J. A. Huber, Augsburg (1794).
Muttergotteskapelle: Neubau 1737, einfache Ausstattung. Burgstall „Moosburg“: Gut erhaltene Anlage östlich des Ortes, im 12./13. Jahrhundert wohl Sitz der Herren von Haselbach. 1329 bereits Burgstall; ausgeprägter Wall aus der Ungarnzeit.

Hattenberg (Burgstall) – siehe Fischach.

Hausen – Ausbausiedlung von Villenbach, im 30-jährigen Krieg verödet.
Kapelle St. Nikolaus: Neubau 1860 anstelle einer älteren Vorläuferkirche.

Hegnenbach – Pfarrkirche St. Georg: Neubau 1880/81 anstelle einer älteren Kirche, qualitätvolles Beispiel einer neugotischen Dorfkirche. Mittelalterlicher Burgstall „Haseck“ westlich des Ortes. Alte Köhler- und Ziegelbrennersiedlung. Ortsadelssitz.

Heretsried – Rodungssiedlung des 13. Jahrhunderts, angelegt durch die Bewohner der abgegangenen Siedlung Hausen, ab 1619 im Besitz des Klosters Holzen.
Pfarrkirche St. Martin: Einheitlicher Neubau 1722, Fresken 1770/80. Burgstall auf dem Kirchberg östlich des Ortes, wenig erhaltene Anlage, möglicherweise Sitz der Herren von Lützelburg (12.–14. Jahrhundert). Freilichtaufführungen im Griechischen Theater im Sommer.

Hilpoldsberg – Erste urkundliche Erwähnung um 1150, Kauf des Hofes um 1200 vom Augsburger Kloster St. Ulrich und Afra, in dessen Besitz bis 1803. Ständiger Streit um die Hoheitsrechte zwischen der Markgrafschaft Burgau und der Herrschaft Schwabegg.

Hiltenfingen – Ursprünglich im Besitz der Herren von Schwabegg, nach deren Aussterben staufisch und anschließend bayerisch.
Pfarrkirche St. Silvester: Von den Vorläuferanlagen des 12. bzw. 15. Jahrhunderts Teile in den Turmuntergeschossen erhalten. Um 1725 grundlegende Erneuerung und Stuckierung des Langhauses durch Michael Stiller aus Ettringen. 1788 Neubau des Chores durch Martin Stiller in frühklassizistischem Stil. Gute Ausstattung (Deckenfresko von dem Münchner Hofmaler Chr. Wink), 1789; aus dieser Zeit auch Kanzel und Altäre.
Schöne Apostelfiguren, Frühwerk von Lorenz Luidl (1671).
Kapelle St. Leonhard: Spätgotischer Bau mit fragmentarisch erhaltenen Wandmalereien aus der 2. Hälfte des 15. Jahrhunderts. Teile einer Kreuzigungsgruppe um 1500.

Schöner Pfarrhof (1711/12) mit Pfarrstadel (1788) und mittelalterlichem Sühnekreuz.

Hinterschellenbach – Seit 1693 im Besitz der St.-Jakobs-Pfründe in Augsburg.
Kapelle St. Jakobus, Sebastian und Leonhard: Ende des 17. Jahrhunderts aufgrund einer Stiftung der Familie Langenmantel/Westheim.

Holzen (Kloster) – Mitte des 12. Jahrhunderts vom Kreuzfahrer Graf von Donnersberg gestiftet. Anfänglich Benediktiner-Doppelkloster an der Schmutter, später nur noch Nonnenkloster. Nach Besitztumserweiterungen Zerstörungen im Bauernkrieg. Erster Klosterneubau Mitte des 16. Jahrhunderts, 2. Neubau nach Verlegung der Anlage auf den Karlsberg 1696 – 1710 durch den Vorarlberger Baumeister Franz Beer. Heute im Besitz der Ursberger St.-Josefs-Kongregation.
Klosterkirche St. Johannes d. T.: Stattliche Barockanlage mit qualitätvoller Ausstattung (Altäre von E. B. Brendl, Wessobrunner Stuck). Seit dem 18. Jahrhundert Wallfahrt zu dem wundertätigen Christkind.

Holzheim – Gründung des 7. Jahrhunderts (alamannische Gräberfunde), 1150 erstmals urkundlich genannt. Nach und nach im Besitz des Augsburger Domkapitels. Sitz eines Ortsadels.
Pfarrkirche St. Peter und Paul: Im Kern gotischer Bau, heutige Anlage barocker Saalbau mit guter Stuckausstattung (1722). Mittelalterlicher Satteldachturm, schöne Lage im befestigten Friedhof.
Sebastianskapelle: Barockbau des 18. Jahrhunderts anstelle eines mittelalterlichen Burgstalles.
Schöne Badeweiher nördlich des Ortes.

Horgau – Entstehung im 8. Jahrhundert an der Römerstraße Augsburg – Günzburg; in wechselndem Besitz Augsburger Patrizierfamilien.
Pfarrkirche St. Martin: Chor als ältester Bauteil aus dem 15. Jahrhundert; Neubau und Erweiterung des Langhauses im 17. und 18. Jahrhundert. Innere Umgestaltung 1725 und 1765/70, Fresken von J. Christ. Als Mutterpfarrei war Horgau der kirchliche Mittelpunkt für die ganze nähere Umgebung (Streitheim, Bieselbach).
Abgegangenes Schloß (Abbruch 1813/14), seit dem 16. Jahrhundert im Besitz der Familie v. Rehlingen. Ehem. Schloßkapelle wahrscheinlicher Standort des Bieselbacher Schnitzaltares.

Horgauergreut – Rodesiedlung des 11./12. Jahrhunderts.
Vom 13. – 15. Jahrhundert im Besitz eines ortsansässigen Adels-

geschlechtes, dann bis 1803 des Hochstiftes Augsburg.
Filialkirche St. Maria Magdalena: Chor und Turmsockel aus dem 15. Jahrhundert.
Nach verschiedenen Umbauten 1724 Neubau des Langhauses.
Burgstall: Reste der mittelalterlichen und 1461 zerstörten Anlage neben der Kirche noch deutlich erkennbar.

Itzlishofen – 1451 erstmals urkundlich erwähnt. Ursprünglich Einöde zunächst im Besitz des Augsburger Klosters Heilig Kreuz, später von Augsburger Patriziern.

Jettingen – Alamannische Gründung, zunächst im Besitz des Bischofs von Augsburg, dann der Herren von Knöringen und zuletzt der Grafen von Stauffenberg.
Pfarrkirche St. Martin: Spätgotischer Kernbau. 1966 qualitätvolle Erweiterung in modernem Stil.
Kapelle St. Michael von Joseph Dossenberger, Fresko J. Anwander, 1769.
Schloß: Erbaut Ende des 15. Jahrhunderts; kein Zutritt.
Wallfahrtskirche Allerheiligen: Anstelle eines Burgstalles, ehem. Sitz der Herren von Burgau. Neubau des Langhauses von Simpert Kraemer 1730/32, Altarraum von J. Dossenberger 1770. Fresken von J. B. Enderle.
Burgstall „Hahnenberg" östlich von Allerheiligen.
Regelmäßige Feste und Märkte.

Kirchheim – Bis zum Kauf durch die Fugger (1551) ständig wechselnder Besitz. Mehrung des Wohlstandes durch Klostergründung und Schloßbau. Sitz der Familie Fugger-Glött.
Pfarrkirche St. Peter und Paul: Gotische Vorläuferkirche 1581 von J. Eschay umgebaut. Umgestaltung im 19. Jahrhundert. Gute Ausstattung, u. a. Gemälde von P. P. Rubens und Domenichino.
Ehem. Dominikanerkloster (jetzt Pfarrhof): 1620 Neubau, 1720 von M. Stiller umgebaut. 1807 Aufhebung des Klosters.
Fuggerschloß: Anstelle einer mittelalterlichen Vorläuferanlage 1578–1585 vom Augsburger Stadtbaumeister und Vorgänger von Elias Holl erbaut. Schöner Festsaal (Zedernsaal) mit Holzkassettendecke von Wendel Diettrich (1585).
Führung unter Tel. 0 82 66/10 03. Schloßkonzerte.
Rathaus: Heutiger Bau 1740 von J. Meitinger aus Ustersbach errichtet. Heimatmuseum: Vor- und Frühgeschichte, Handwerk und Brauchtum; Anfragen bei der Marktverwaltung unter Tel. 0 82 66/10 21. Naturlehrpfad im schönen Hangmischwald am südlichen Ortsrand Kirchheims.

Kirch-Siebnach – Der reizvoll gelegene Weiler mit Kirche war seit Mitte des 12. Jahrhunderts im Besitz des Klosters Steingaden.
Kath. Pfarrkirche St.Georg: Vorläuferbau an der Stelle eines vor-

und frühgeschichtlichen Siedlungsplatzes und einer welfischen, 1083 zerstörten Burg errichtet. Ursprünglich Wallfahrtskirche, heutiger Bau von M. Stiller 1718/19.
Gute Ausstattung (bemerkenswert der Stuck von M. Stiller sowie schöne Figuren und Votivbilder).

Klimmach – Das kleine Dorf mit seinen vielen Walnussbäumen war seit dem 15. Jahrhundert im Grundbesitz des Augsburger Domkapitels und der Herrschaft Schwabegg, die sich auch hier mit der Markgrafschaft Burgau um die landesherrschaftlichen Rechte stritt.
Pfarr- und Wallfahrtskirche Hl. Kreuz: Neubau 1705/08 von Matthias Stiller aus Ettringen, ausgeführt von Wessobrunner Maurern und Stukkatoren, 1729 durch 2 Seitenkapellen erweitert (Entwurf von dem Sohn Michael Stiller). Ausgezeichnete Ausstattung mit plastischem Wessobrunner Stuck, qualitätvoller Kistlerarbeit. Gelungene, einheitliche Gesamtwirkung.

Konradshofen – Entstehung wahrscheinlich im 8. Jahrhundert im Zuge der fränkischen Staatskolonisation. Ab dem 16. Jahrhundert Bestandteil der Herrschaft Schwabegg, Wohnsitz der Ritter von Rechberg als deren Pfandinhaber (abgegangenes Schloß).
Pfarrkirche St. Martin: Neubau 1688 unter Verwendung älterer Mauerteile. Von der Ausstattung aus der Erbauungszeit sind die Schnitzfiguren aus der Werkstatt Lorenz Luidls zu erwähnen.

Konzenberg – Ständig wechselnder Grundbesitz, seit 1684 dem Hochstift Augsburg gehörig.
Pfarrkirche Unserer lb. Frau: 1854 anstelle der ehemaligen Schloßkapelle erbaut. Bemerkenswerter Flügelaltar mit gotischen Figuren (um 1510). Gotische Muttergottes.
Pestkapelle: Um 1700 erbaut, barocke Kreuzigungsgruppe.
Burgställe bei der Pfarrkirche (Konzenberg) und südlich des Ortes (Muckenberg).

Kühlenthal – Seit dem 13./14. Jahrhundert unter der Grundherrschaft der Bischöfe von Augsburg. Ortsadelssitz der bischöflichen Dienstherren. Burg der Herren von K. mehrfach zerstört und nach dem 30-jährigen Krieg nicht wiederaufgebaut.
Kapelle Hl. Kreuz: Neubau 1675, Anfang 18. Jahrhundert umgebaut und erweitert.
Mittelalterlicher Burgstall im Südwesten oberhalb des Ortes: Befestigungsreste der im 17. Jahrhundert abgetragenen Anlage noch gut erkennbar.

Landensberg – Ortsgründung um 1300, zusammengewachsen aus zwei Ursiedlungen. Ortsadelssitz.

Zusammen mit Glöttweng burgauisches Lehen, seit dem 16. Jahrhundert im Besitz der Herren von Knöringen und anderer Adelsfamilien. Pfarrkirche z. Hl. Kreuz: Einfacher Barockbau 1735. Gute gotische Figuren. Burgstall westlich der Kirche.

Langenneufnach – Zusammenschluß von ursprünglich 3 Einzelgemeinden mit zersplitterten und wechselnden Besitztumsverhältnissen. Bis zum 14. Jahrhundert ein hier ansässiger Ortsadel nachgewiesen.
Pfarrkirche St. Martin: Im Kern spätgotisch, aus dieser Zeit Chor und Einfriedungsmauer. 1708/09 barocker Umbau mit Turmerhöhung durch Matthias Stiller aus Ettringen. Bemerkenswert die Ausstattung: Stuck M. Stiller, Fresken J. Bernhard, Kanzelfiguren Lorenz Luidl.

Laugna – Alte Urmarksiedlung, Ausgangspunkt für die Gründung von Bocksberg, Modelshausen und Osterbuch. 1613 mit der Herrschaft Bocksberg an die Fugger.
Pfarrkirche St. Elisabeth: Vorläuferkirche des 15. Jahrhunderts, um 1700 mehrfach erneuert, 1716–1719 Neubau des Langhauses. Stuck 1735. Ausstattung 17. bzw. 19. Jahrhundert.
Ehem. Schloß: Bau des 17. Jahrhunderts um 1730 im Innern verändert (heute fürstlich und gräflich Fugger'sches Stiftungs-Forstamt).

Lauterbach an der Zusam – Ab dem 13. Jahrhundert im Besitz des Deutschherrenordens.
Pfarrkirche St. Stephan: Die Vorläuferkirche (Anf. 16. Jahrhundert) wurde 1716 grundlegend umgebaut. Stattlicher Pfarrhof 1727/28.
Lindenkapelle (ehem. Wallfahrtskirche) 18. Jahrhundert. Abgegangene Befestigungsanlage südl. der Kirche (möglicherweise ehemalige Wasserburg).

Lauterbach bei Aichen – Kapelle St. Johannes und Paulus: Anstelle eines kleinen Vorläuferbaues 1708 größerer Neubau. Heutiger Bau 1822.

Lauterbrunn – Rodungssiedlung des 13. Jahrhunderts, veranlaßt durch das Kloster Kaisheim.
Pfarrkirche St. Vitus: Im Kern spätromanische Anlage. Neubau des Chores sowie Erhöhung des Langhauses mit Turm 1769.
Ehem. Köhlerei an Straße Lauterbrunn-Welden (Hütte).

Leitershofen – Besiedlung wahrscheinlich im 8./9. Jahrhundert von Göggingen aus. Zunächst im Besitz der Augsburger Bischöfe mit später wechselnden Lehensträgern. Ab dem 17. Jahrhundert Grundherrschaft durch die Fugger und die Augustiner-Chorherrn-

Stifte St. Georg und Heilig Kreuz in Augsburg.
Pfarrkirche St.Oswald: Romanische Vorläuferkirchen. 1732 Neubau. Ausstattung teilweise aus der Erbauungszeit, Fresken von H.G. Kuen aus Diedorf. 1928 Verlängerung des Langhauses.
Ehem. Oberes Schloß: Heutiger Bau nach Abbruch der alten Anlage um 1650 wiederaufgebaut. Bauliche Änderungen im 19. Jahrhundert, heute gewerblich genutzt.
Ehem. Unteres Schloß: Neubau 1728, größere Umbauten im 18. und 19. Jahrhundert.
Ältester, hier Anfang des 16. Jahrhunderts lebender Vorfahre des Musikgenies Wolfgang Amadeus Mozart ist Hanns Motzhart (siehe Gedenktafel an Haus-Nr. 1 in der Weidenstraße).
Beginn des „Schwäbisches-Allgäuer-Weitwanderweges" nach Sonthofen.

Leuthau – Erste urkundliche Erwähnung 1241. Ständig wechselnder Grundbesitz (Landeshoheit Herrschaft Schwabegg).
Ursprüngliche Kirche St. Alto (13. Jahrhundert) nach 1800 abgebrochen.

Lindgraben – Kapelle zur Schmerzhaften Muttergottes: Erbaut im 19. Jahrhundert; schöne Pieta von J. Günther 1740/50.
Burgstall: Im 11./12. Jahrhundert als Bischöflich Augsburger Forsthof errichtet, im 14. Jahrhundert Lehenssitz der Ritter von Gabelbach.

Lützelburg – Ausbausiedlung von Gablingen aus dem 11. Jahrhundert. Nach mehrfachem Herrschaftswechsel seit Mitte des 15. Jahrhunderts im Besitz des Augsburger Hl.-Geist-Spitals.
Pfarrkirche St. Georg: Neubau Langhaus 1609, Chor und Turm nach Entwurf des Augsburger Stadtbaumeisters Elias Holl. 1761 Umgestaltung des Innenraumes.

Lutzenberg – Kapelle St. Anna: Neubau um 1715, Ausstattung 18./19. Jahrhundert.

Margertshausen – Entstehung im 8./9. Jahrhundert. Erste urkundliche Erwähnung 1150. Grundherrschaft ab dem 12. Jahrhundert beim Augustiner-Chorherrnstift Hl. Kreuz in Augsburg.
Kuratiekirche St. Georg: 1723 einheitlicher Neubau anstelle einer gotischen Vorläuferkirche mit gleichzeitiger Innenausgestaltung.
Stattliches Benefiziatenhaus (1776).

Markt – Ortsgeschichte siehe Biberbach.
Ehemalige Burg (Fuggerschloß): Erste Anlage Ende des 14. Jahrhunderts zerstört. Entstehung des heutigen Schlosses im Laufe des 16. Jahrhunderts; mehrfache Um- und Erweiterungsbauten im 17. Jahrhundert.

Ehemalige Schloßkapelle St. Johannes d. T.: Spätgotischer Vorgängerbau abgegangen. Neubau 1738. Grundrißlich originelle Anlage mit bemerkenswerter Ausstattung.
(Stuck von J. Finsterwalder, Fresken von J.G. Wolcker).
Steiler Fußweg zu Schloß und Kapelle (Führung unter Tel. 0 82 71/24 64).

Markt Wald – Seit Ende des 15. Jahrhunderts Sitz der Herren von Markt Wald. Ursprüngl. Name des südlichen Ortsteiles „Soler".
Pfarrkirche Maria Himmelfahrt: Spätgotische Anlage, 1727–1730 Langhaus von M. Stiller barock umgestaltet. 1870 Restaurierung in neuromanischem Stil unter Entfernung des Stucks und der Fresken (1902 wiederhergestellt).
Schloß: 1525 erbaut, mehrfach restauriert und 1747/48 zur heutigen Gestalt umgebaut. Ursprünglich im Besitz der Söhne des mit Philippine Welser verheirateten Erzherzogs Ferdinand, Kardinal Andreas von Brixen und Markgraf Karl von Burgau. Seit 1660 im Besitz der Fugger/Babenhausen und heute Forstdienststelle (kein Zutritt). In der Hauskapelle Fresken von J. B. Enderle (um 1770).
Markt mehrmals im Jahr. Kutschfahrten beim Pferdehof Mayer in Oberneufnach; Schnerzhofer Badeweiher (1,5 km).

Memmenhausen – Im 11. Jahrhundert Sitz eines Ortsadels. Pfarrkirche St. Georg: Turm und Chor spätgotisch. Umbauten im 17. Jahrhundert. 1752/53 Umbau durch J.G. Hitzelberger aus Ziemetshausen. Reiche Stuckierung 1753.
Gute Ausstattung um 1700.
Schön gelegener Kalvarienberg mit Kreuzweg.
Burgstall „Buschelfeld" ohne erkennbare Reste.

Mertingen – Keltische Grabhügel im westlichen Mertinger Forst. 969 erstmals urkundlich erwähnt. Ortsgeschichte in engem Zusammenhang mit Donauwörth. Bis 1806 mehrfacher Herrschaftswechsel zwischen Bayern und dem Reich.
Burghöfe: Von 50 n. Chr. bis in das 3. Jahrhundert Standort eines römischen Militärkastells am Ende der Via Claudia (Summontorium). Dorfmuseum (Auskunft bei der Gemeindeverwaltung).

Mickhausen – Ursprünglich aus zwei Siedlungen zusammengesetzt. Im Mittelalter oft wechselnder Grundbesitz, 1528 Verkauf an die Fugger, 1843 an die Grafen von Rechberg.
Pfarrkirche St. Wolfgang: Einheitlicher spätgotischer Neubau unter Anton Fugger (1535–1538), 1685 von Johann Schmuzer aus Wessobrunn stukkiert. Bemerkenswerte Ausstattung u. a. mit Schnitzarbeiten von Lorenz Luidl sowie Glasmalereien (Wappenfenster) von Chr. Amberger.
Herrgottsruh-Kapelle: Auf einer östlichen Anhöhe 1685 von Paul

Fugger erbaut, 1749/50 erweitert. Ehemaliges Schloß: Aus dem 15. Jahrhundert, im 16. Jahrhundert erweitert und 1691–1695 weitgehend erneuert. Letzte Umbauten im 18. Jahrhundert.

Mindelaltheim – Frühalamannische Gründung. Nach mehrfachem Besitzerwechsel von 1438 bis 1803 im Besitz des Augsburger Dominikanerinnenklosters St. Katharina.
Pfarrkirche St. Moritz: Barockbau des ausgehenden 17. Jahrhunderts auf mittelalterlichen Fundamenten. Ausstattung aus dem 15. bis 18. Jahrhundert (Schöne Muttergottes um 1470).
Hl.-Kreuz-Kapelle: 1698 erbaut, 1753/54 von Josef Dossenberger erweitert. Gute Ausstattung (Altäre, Kanzel).

Mindelheim: 10 km südlich des Naturparks gelegene Kreisstadt. Die malerische Altstadt birgt prachtvolle Kirchen, Klöster und Bürgerhäuser, Wehrtürme und Reste der mittelalterlichen Stadtbefestigung.
5 Museen: Schwäbisches Krippenmuseum, Textilmuseum, Südschwäbisches Vorgeschichtsmuseum, Schwäbisches Turmuhrenmuseum, Heimatmuseum. Empfehlenswert außerdem: Stadtführung und Mindelburg. Zahlreiche Feste und Veranstaltungen; besonderer Höhepunkt alle 3 Jahre: das Frundsbergfest (2000), eines der größten historischen Feste Deutschlands.
Info Verkehrsbüro: 0 82 61/99 15-69, Fax */99 15-70;
Internet: http://www.mindelheim-online.de

Mittelneufnach – Ursprünglich zwei getrennte Siedlungen, jeweils Sitz eines Ortsadels (11./12. Jahrhundert). Nach und nach im Grundbesitz des Augsburger Hl.-Geist-Spitals.
Pfarrkirche St. Johannes Evangelist: Spätgotische Anlage (um 1490). Umfangreiche bauliche Veränderungen im 17. und 18. Jahrhundert. Deckenfresko 1780. Stattlicher, typisch spätgotischer Satteldachturm. Schönes Pfarrhaus (Mitte 18. Jahrhundert).
Ehem. Obervogtamt: Kernbau Anfang des 16. Jahrhunderts, 1663 erneuert. Innenausstattung um 1770.

Modelshausen – Pfarrkirche St. Peter und Paul: Neubau aus dem frühen 18. Jahrhundert, 1721/22 vollständig erneuert.
Mittelalterlicher Burgstall südwestl. des Ortes auf dem Reitenberg.

Mörgen – Vom 11.–14. Jahrhundert Sitz eines Ortsadels, seit dem 15. Jahrhundert unter der Herrschaft der Fugger von Kirchheim.
Pfarrkirche St. Georg: Im Kern spätgotisch. Umfangreiche Veränderungen im 17./18. Jahrhundert. Gute Ausstattung überwiegend aus dem 18. Jahrhundert.
Ehemaliger Burgstall ohne erkennbare Spuren.

Moosburg (Burgstall) – siehe Haselbach.

Münster – Karolingische Rodungssiedlung, ausgehend von einem hier gegründeten, später wieder abgegangenen Benediktinerkloster. Im 13. Jahrhundert Sitz eines Adelsgeschlechtes. Von 1320 bis 1530 im Besitz des Augsburger Kollegiatstiftes St. Moritz, dann Verkauf an die Familie Fugger/Mickhausen.
Filialkirche St. Benedikt: Nahezu unveränderter, spätgotischer Bau (südliche Langhausmauer romanisch). Schönes Netzgewölbe mit zierlich ausgeformten Konsolfiguren.

Münsterhausen – Als augsburgisch bischöfliches Lehen im Besitz der jeweiligen Inhaber der Ortsherrschaft.
Pfarrkirche St. Petrus und Paulus: Bau 16. Jahrhundert. 1795/96 grundlegend renoviert. Ausstattung um 1890.
Wallfahrtskirche unserer lieben Frau: Abbildung der Gnadenkapelle Altötting durch einen achteckigen Zentralbau 1699 erweitert. 1700 Neubau eines Langhauses anstelle der Kapelle. Schöne Kanzel.
Burgstall: Ehem. Schloß 1525 im Bauernkrieg zerstört, im 30-jährigen Krieg abgebrannt und nach 1820 abgebrochen.

Muttershofen bei Heretsried – Siedlung der 2. Siedlungsperiode, ursprünglicher Sitz des 1154 auf den Hammelberg und später nach Augsburg verlegten Augustiner-Chorherrn-Klosters.

Muttershofen bei Vesperbild –
Kapelle Mariä Heimsuchung: 1880 erbaut.

Nettershausen –
Kapelle Mariä Opferung: Neubau 1699, 1791 umgebaut.

Neumünster – Rodesiedlung des 14. Jahrhunderts, Gründung durch das Kloster Oberschönenfeld. Typisches mittelschwäbisches Straßenangerdorf.
Filialkirche St. Joachim und Anna: Neubau 1682, 1793 Erweiterung und Renovierung.

Neusäß – Vermutlich im 8. oder 9. Jahrhundert entstanden; verschiedene Eigentümer, u. a. das Kollegiatstift St. Moritz, später Hospitalstiftung zum Hl. Geist in Augsburg; rasante Bevölkerungszunahme im 20. Jahrhundert; kath. Pfarrkirche St. Aegidius von 1953 (Thomas Wechs sen.) mit Marien-Holzfigur von 1710.
Kath. Kapelle St. Aegidius: Existenz bis ins 16. Jahrhundert nachgewiesen, zu einem später verfallenen Schlößchen gehörend; im 17./18. Jh. grundlegend erneuert; 1953–1963 restauriert.
Deutsches Glasmalereizentrum; Stadthalle mit vielfältigem kulturellem Programm (Auskunft im Rathaus).

Hier beginnt der asphaltierte „Landrat-Dr.-Frey-Radweg" nach Welden.

Obergessertshausen – Sitz eines Ortsadels.
Pfarrkirche St. Petrus und Paulus: Mittelalterlicher Vorgängerbau. Neubau Langhaus 1720/30, Chor 1775, Ausstattung teilweise 19. Jahrhundert.
Burgstall „Buschelberg" an der Kirche ohne Befestigungsspuren.
Burgstall „Koritte" nördlich des Ortes mit schwach erkennbaren Resten.

Oberschönenfeld (Kloster) – Zisterzienserinnen-Abtei. Gründung im 13. Jahrhundert. Im Laufe der Zeit trotz mehrfacher kriegerischer Heimsuchungen wachsender Wohlstand durch umfangreichen Grunderwerb. 1803 aufgelöst, 1836 neu errichtet.
Abteikirche Mariä Himmelfahrt: Nach mehrfachem Umbau der mittelalterlichen Vorläuferkirche 1721–1723 vollständiger Neubau durch den Vorarlberger Baumeister Franz Beer. Abschluß der qualitätvollen Innenausstattungsarbeiten 1774. Fresken von Joseph Mages und J. Anton Huber aus Augsburg. Neubau der Klostergebäude 1718–1722, der Nebengebäude 1735–1763.
Standort des Schwäbischen Volkskundemuseums des Bezirks Schwaben und des Naturmuseums „Naturpark-Haus" mit vielfältigen Angeboten (Tel. 0 82 38/30 01-0).
In der Umgebung: Wanderwege, Naturlehrpfade, Kreuzweg mit idyllisch im Wald gelegener Hubertuskapelle.

Ober-/Unterthürheim – Mittelalterliche Ausbausiedlungen von Pfaffenhofen. Vom 12.–14. Jahrhundert Sitz der Ritter von Thürheim. Grundherrschaft durch das Kloster St. Stephan, später durch das Kloster Kaisheim.
Pfarrkirche St. Nikolaus (O.-Thürheim): 1680 Abbruch der Vorläuferkirche, 1683 Neubau. Ausstattung 17./18. Jahrhundert. Lindenkapelle 1756 erbaut.
Pfarrkirche Mariä Himmelfahrt (U.-Thürheim): Unter Verwendung spätgotischer Bauteile 1861 Neubau des Langhauses in neugotischen Formen.
Alte Wehranlage auf dem Thürlesberg: Ehem. Burg der Ritter von Th., im 14. Jahrh. zerstört. Wenig erhaltene Befestigungsreste.

Oberwaldbach – Erste Erwähnung eines Ortsadels im 11. Jahrhundert. Im 12. Jahrhundert Sitz der Edlen von Eberstall, seit dem 15. Jahrhundert ständiger Wechsel in der Grundherrschaft.
Pfarrkirche Mariä Immaculata. Einfacher Bau mit gotischem Chor. Bemerkenswerte gotische Figuren im Stile des Daniel Mauch (1510–20).
Schloß: Sitz der Herren vom Stain zu Eberstall. Bau des frühen 17. Jahrhunderts westlich von Oberwaldbach.

Schloßkirche St. Anna 1603 erbaut, barock ausgestattet.

Offingen – Frühe alamannische Ortsgründung. 1209 erstmals erwähnt.
Zunächst im Besitz des Bischofs von Augsburg, dann habsburgisch (Markgrafschaft Burgau), von hier aus mehrfach verpfändet.
Pfarrkirche St. Georg: Einfacher spätgotischer Bau, 1618 umgebaut. Gute Ausstattung (Renaissancestuck im gotischen Chor, gotische Figuren).
Kapelle St. Leonhard: 1747 erbauter Zentralbau. Schöner Pfarrhof. 1748 erbaut („Schlössel").
Burgstall: Mittelalterliche Wallburganlage am Steilabfall der Donau.

Ottmarshausen – Ausbausiedlung des 9./10. Jahrhunderts. Im 12. Jahrhundert Bau eines Schlosses als Ortsadelssitz. Später im Besitz von Augsburger Patrizierfamilien, 1860 abgebrochen.
Heute Ortsteil der Einheitsgemeinde Neusäß.
Alte Pfarrkirche St. Vitus (ursprünglich St. Otmar): Romanische Vorläuferkirche. Neubau im 16. Jahrhundert. Erneuerung des Chores 1720 und des Langhauses 1840. 1970 durch Sprengung abgebrochen.
Neue Pfarrkirche St. Vitus: Moderner Neubau 1965/1967.
Von Ottmarshausen aus führt der beliebte asphaltierte Landrat-Dr.-Frey-Radweg auf der Trasse der früheren „Weldenbahn" mitten in den Naturpark; er hat Anschluß an den Zusam-Radwanderweg (siehe S. 38).

Peterhof – Ehemaliger, um 1500 abgegangener Weiler St. Peter, 1683 als Einzelhof wieder errichtet.
Keltische Viereckschanze „Burg", südwestlich des Peterhofes, vorgeschichtliche Kultstätte (100 v. Chr.) am Rundweg „Um die Keltenschanze".

Pfaffenhofen an der Zusam – Frühmittelalterliche Ursiedlung. Im Jahre 1000 zusammen mit Ober- und Unterthürheim Schenkung an das Kloster St. Stephan in Augsburg.
Pfarrkirche St. Martin: Vorgängerbau (2. Hälfte 14. Jahrhundert) im Turmuntergeschoß erhalten.
Nach mehrfachen Erneuerungen 1721 Neubau durch Jos. Schmuzer aus Wessobrunn.
Turmerhöhung 1739.
Stattliche Dorfkirche (Schlüssel b. Pfarramt Unterthürheim) mit qualitätvoller Ausstattung aus der Entstehungszeit (Stuck, Fresken)

Rauhenberg (Burgstall) – siehe Ettelried.

Reichertshofen – Zwischen 1150 und 1300 Sitz eines Ortsadels,

später unter der Grundherrschaft der Herren von Seifriedsberg, des Hospitals Augsburg und der Fugger/Mickhausen.
Pfarrkirche St. Nikolaus: Kleiner, im Kern spätgotischer Bau mit prächtig bemalter Kassettendecke (um 1710).

Reinhartshausen – Rodungssiedlung des 14. Jahrhunderts als Ausbau der ehemaligen Einöde „Spöttingen". Nach mehrfachem Besitzerwechsel kam R. 1586 bis 1803 unter Fuggersche Grundherrschaft.
Pfarrkirche St. Laurentius: Neubau 1739–1742 nach Entwurf von J. Dossenberger d. Ä. Qualitätvolle Ausstattung von Augsburger Künstlern (E.X. Feichtmayr / Stuck und J. G. Lederer / Fresken).
Ehem. Schloß aus dem 15. Jahrhundert, 1730 abgebrochen.

Reinhartshofen – Im 12. Jahrhundert Wohnsitz eines Dienstmannengeschlechts der hier begüterten Augsburger Kloster St. Ulrich und Afra (Landeshoheit Markgrafschaft Burgau).
Filialkirche St. Jakobus: Im Kern 15./16. Jahrhundert, Chor und Turm 2. Hälfte des 17. Jahrhunderts. Gute figürliche Ausstattung.

Reitenbuch – Rodungssiedlung des 11. Jahrhunderts, bis 1803 unter der Grundherrschaft der Augustiner-Chorherrenstifte St. Georg und Heilig Kreuz, des Klosters Oberschönenfeld u. a.
Kapelle St. Laurentius: Neugotischer Bau 1866/68, Ausstattung aus der Erbauungszeit.
St.-Josefs-Heim: 1910 erbaut als Kindererziehungsheim.

Rettenbergen – Rodungssiedlung des 11. Jahrhunderts. Zersplitterte und wechselnde Herrschaftsverhältnisse (überwiegend im Besitz des Damenstiftes St. Stephan).
Filialkirche St. Wolfgang: Erster Bau frühes 16. Jahrhundert. Neubau 1675. Schöne Holzfiguren (14 Nothelfer) 1680.

Reutern – Rodungssiedlung des 13. Jahrhunderts. Typisches mittelschwäbisches Straßenangerdorf. Herrschaftsgeschichte in engem Zusammenhang mit Welden.
Pfarrkirche St. Leonhard: Einheitlicher Neubau von 1724, Verlängerung des Langhauses und Innenrestaurierung 1901/02.
Mittelalterlicher Burgstall = ehem. kleine Wasserburg; Sitz der Lehensherren von Reutern am östlichen Ortsrand (Sportplatz).
Gut sichtbare Wälle einer spätkeltischen Viereckschanze „Viereckenburg" nördlich des Ortes im Wald; vorgeschichtliche Kultstätte um 100 v. Chr.

Ried – Rodungssiedlung des 11. Jahrhunderts.
Wechselhafte Ortsgeschichte im Zusammenhang mit der Herrschaft Seifriedsberg und der Markgrafschaft Burgau.
Pfarrkirche Mariä Himmelfahrt: Im Kern spätgotisch (Chor, Turm-

unterbau). Anfang des 18. Jahrhunderts grundlegende Um- und Erweiterungsbauten. 1903/05 Verlängerung des Langhauses. Gute Ausstattung (Stuck, Kanzel mit Figuren von Lorenz Luidl, um 1700).

Röringen – Im 12./13. Jahrhundert Sitz eines Ortsadels. Seit dem 15. Jahrhundert im Besitz der Markgrafschaft Burgau. Durch Verpfändung ständig wechselnder Besitz.
Pfarrkirche St. Margareth: Neubau 1823.

Rommelsried – Rodesiedlung 11./12. Jahrhundert. Ständig wechselnde Besitztums- und Rechtsverhältnisse.
Pfarrkirche St. Ursula: Ursprünglich romanische Chorturmkirche, in gotischer Zeit und nach dem 30-jährigen Krieg erneuert. 1782 Neubau, Erweiterung und Ausstattung 19. Jahrhundert.

Salmannshofen – Von 1220 bis 1400 Sitz eines Franziskanerinnenklosters, das nach einem Brand nach Holzen verlegt wurde. Die ehemalige Klosterkirche (bis 1753 Pfarrkirche von Affaltern) wurde 1758 abgebrochen.

Schäfstoß – Ehem. Gutshof und „Schlößlein", erbaut 1730 anstelle eines mittelalterlichen Forsthofes, heute Burgstall. Südlich im Forst Lindach keltische Grabhügel aus der Hallstattzeit.

Scheppach – Im 12. und 13. Jahrhundert im Besitz eines Ortsadels, später unter der Herrschaft der Markgrafschaft Burgau.
Pfarrkirche Mariä Himmelfahrt: Gotische Anlage, 1768 von Joseph Dossenberger umgebaut. Deckenfresken von Franz M. Kuen, 1769/70.

Scheppacher Kapelle St. Loreto – In dem abgegangenen Weiler Scheppach 1601 vom Kloster Oberschönenfeld erbaut, 1741 erweitert und 1865 bis auf den Chor abgebrochen. Bis in unser Jahrhundert hinein personenreiche Wallfahrten zur Kapelle (siehe dortige Inschrift).

Scherstetten – Im 13. Jahrhundert urkundliche Erwähnung eines Ortsadels. Grundherrschaft durch das Hl.-Geist-Spital Augsburg, Hoheitsrecht durch die Herrschaft Schwabegg.
Pfarrkirche St. Peter und Paul: Der 1710 errichtete Bau wurde 1921/22 verlängert. Gute figürliche Ausstattung.
Burgstall „Schloßberg" südlich des Bruderhofes, ehemaliger Sitz der Ritter von Scherstetten.

Schlipsheim – Entstehung im 8./9. Jahrhundert.
Im Mittelalter weit verzweigter Grundbesitz, u. a. der Familie Rehlingen und des Angustiner-Chorherrn-Stiftes Hl. Kreuz.

Kapelle St. Nikolaus von Tolentino: Ehemalige Schloßkapelle, Neubau 1793, ausgemalt durch J. J. Anton Huber. Ölbilder von J. Rottenhammer (1610). Ehemaliges Schloß: Entstehung unbekannt, nach 1803 abgebrochen. Sitz der jeweiligen Inhaber der Schlipsheimer Grundherrschaft.

Schlößlesberg, (Burgstall) – siehe Steinekirch b. Zusmarshausen

Schneeburg (Wallanlage) – Ringwallanlage „Schneeburg" oberhalb der Ganghofer-Hütte (15 Min.). Wahrscheinlich schon zur Bronzezeit besiedelter Berghügel. Frühmittelalterliche Anlage als Fliehburg aus der Zeit der Ungarneinfälle (9./10. Jahrhundert). Heute nur Burgwälle erhalten. Erläuterungstafeln am Rundwanderweg „Um die Schneeburg" (siehe S. 124).

Schnerzhofen – Kl. Ort oberhalb des Schnerzh. Weihers.
Wallfahrtskapelle St. Antonius von Padua: Neubau 1681, 1706/08 zur heutigen Gestalt erweitert. Baumeister und Stukkateur Matth. Stiller aus Ettringen. Ausstattung 18. Jahrhundert.

Schnuttenbach – Wegen des fehlenden Ortsadels zersplitterter Grundbesitz. Landeshoheit: Markgrafschaft Burgau.
Kapelle St. Ursula: Frühgotische Anlage, äußerlich gut erhalten, Innenraum barock überarbeiteter Saalbau.

Schwabegg – Erste urkundliche Erwähnung 1110. Ortsgeschichte in engem Zusammenhang mit der Burg auf dem Kalvarienberg. Nach Aussterben der Herren von Sch. im Besitz der Staufer und anschließend der Wittelsbacher. Nach ihrer Zerstörung 1422 nicht mehr aufgebaut.
Schon im 10. Jahrhundert wurde südlich des Ortes die „Haldenburg" errichtet – eine frühmittelalterliche Anlage zum Schutz gegen Ungarneinfälle (955: Schlacht auf dem Lechfeld). Geschichtliche Erläuterungstafeln und schöner Naturlehrpfad an den Burgwällen. Spätkeltische Viereckschanze im Burgholz-Forst um 100 v. Chr. (Wanderweg „Rund um das Burgholz")
Pfarrkirche Mariä Himmelfahrt: Neugotischer Bau (1872).

Schwabmünchen – Erster urkundlicher Nachweis aus dem Jahr 953. Ursprünglicher Ortsname „Mantahinga". Seit dem 12./13. Jahrhundert überwiegend im Besitz des Bischofs von Augsburg, verwaltet durch bischöfliche Dienstmannen. Weitere Grundrechte bei verschiedenen Augsburger Kirchen und Klöstern sowie Patriziern. Umfangreiche Kriegsschäden Ende des 18. Jahrhunderts sowie im März 1945.
Pfarrkirche St. Michael: Ursprüngliche Anlage im Kern gotisch, im 17. Jahrhundert erneuert. 1945 zerstört.
Moderner Wiederaufbau 1947 durch Th. Wechs/Augsburg.

Kapelle zu Unserer Lieben Frau: Spätgotischer Bau 1486, Altarraum mit schönem Netzgewölbe. Barocker Hochaltar um 1675. Bemerkenswerte Figuren u. a. von L. Luidl.
Kapelle Zur Schmerzhaften Muttergottes: Zentralbau, 1739 von E.X. Kleinhans erbaut. Barocke Ausstattung. Geyerburg: Neubau des Patrizierschlößchens durch Ulrich Fugger 1514/18.
Fuggerschloß: An der Stelle der bischöffichen Burg des 10. Jahrh. Neubau aus dem Jahre 1726 (heute Verwaltungsgebäude). Rathaus: ehem. Posthalterei der Thurn und Taxis um 1800. Verschiedene bemerkenswerte Bürgerhäuser.
Schönes Heimatmuseum (Info bei der Stadtverwaltung).
Jährlich großer Michaelimarkt.

Seifriedsberg – Erste Erwähnung der alten Burg 1251 als Sitz eines staufischen Dienstmannengeschlechtes. Seit dem 13. Jahrhundert als Herrschaft Seifriedsberg den Markgrafen von Burgau und ab 1301 den Habsburgern gehörig. Ständig wechselnde Verpfändung. Seit 1667 im Besitz der Grafen zu Oettingen-Wallerstein. Neubau des Schlosses im 16. Jahrh. Umbauten im 18. und 19. Jahrh. Schöner, öffentlich zugänglicher Schloßpark mit zahlreichen exotischen Altbäumen und vielen Azaleen.
Die Burgställe „Rauhenberg", südöstlich von Schloß Seifriedsberg, und „Zweifelsberg", südlich – wohl Fliehburgen des 10. Jahrhunderts oder älter – sind kaum erhalten.

Siebnach – Pfarrkirche St. Georg: Gotische Vorläuferkirche. Neubau von M. Stiller 1718/19. Gute Ausstattung (Wessobrunner Stuck, Altäre und Kanzel frühklassizistisch, 1801/02).
Filialkapelle St. Anna: Zentralbau des 17. Jahrhunderts. Anstelle der ursprünglichen Kuppel heute Flachdecke, 1856. Gute Ausstattung.
Burgställe: „Schloßberg" nordwestlich des Ortes auf dem Buchberg (im 12./13. Jahrhundert Sitz der Herren von Siebeneich, welfische Dienstmannen) nur in Resten erhalten; „Birkenberg" südwestlich des Ortes ohne erkennbare Spuren (wohl 14. Jahrhundert).

Siegertshofen – Erste urkundliche Erwähnung 1120. Bis in das 18. Jahrhundert ständig wechselnde Besitztumsverhältnisse.
Pfarrkirche St. Nikolaus: Bau der 2. Hälfte des 15. Jahrhunderts; bemerkenswerte spätgotische Schnitzgruppe. Sebastianskapelle (1690) mit vorzüglicher Holzfigur (Werkstatt Lorenz Luidl).

Spöck – Kapelle St. Anna: Neubau 1872.

Stadtbergen – Vermutlich schon zur Hallstattzeit Siedlungsort. Römische Villa. Entstehung der mittelalterlichen Siedlung im 8./9. Jahrhundert. Zersplitterte Grundherrschaftsverhältnisse.

Unter dem Domkapitel Augsburg Einrichtung eines Obervogtamtes.
Pfarrkirche St. Nikolaus: Kernbau aus dem 15. Jahrhundert. 1730 Neubau des Langhauses und Erhöhung des Chores. Gute Ausstattung (Stuck von Andreas Hainz, Ausmalung J. G. Bergmüller).
Schlößchen: 1586 von Hans Holl dem Vater des Augsburger Stadtbaumeisters Elias Holl, erbaut.
Marktfest im Juni; Veranstaltungsprogramm (Kulturamt Tel.: 08 21/2 43 81 74).

Staudenkapelle – Am Waldrand südlich von Grimoldsried gelegene hölzerne Kapelle des Vereins Naturpark Augsburg – Westliche Wälder.

Steinekirch bei Markt – Filialkirche St. Ulrich: Früher Vorläuferbau wohl aus ottonischer Zeit. Umbau der spätgotischen Kirche um 1700. Ausstattung teilweise neuromanisch. Sehr schöne Lage hoch über dem Neufnachtal.

Steinekirch bei Zusmarshausen – Entstehung im 8./9. Jahrhundert, zunächst unter der Herrschaft der Burg Wolfsberg, zuletzt nach wechselndem Besitz vom Domkapitel Augsburg verwaltet.
Pfarrkirche St. Vitus: Kernbau aus dem späten 15. Jahrhundert. 1760 völlig umgestaltet und neu ausgestattet. Künstler: J. Christ und E. Feichtmayr d. Ä. Sehr schönes Pfarrhaus (1791).
Burgruine Wolfsberg: Ehemals umfrangreiche Anlage, Sitz eines einflußreichen Adelsgeschlechtes, 1462 von Augsburger Truppen großteils zerstört.
Burgstall Schlößlesberg: Typische Hausburganlage aus dem 10./11. Jahrhundert, Wall- und Grabenreste noch gut erhalten. Am Rundweg „Um den Uhlenberg" (siehe S. 100).

Steppach – Ortsteil der Stadt Neusäß. „Bismarckturm" über dem Ort mit herrlicher Aussicht – nach Westen ins Schmuttertal und in den Naturpark, nach Osten auf Augsburg (tagsüber geöffnet).

Straßberg – Entstehung im Zusammenhang mit der Gründung der Burg (13. Jahrhundert), Besitz des Bischofs von Augsburg, 1266 zerstört; Wiederaufbau im 16. Jahrhundert. Nach Brand 1791 eneuert. 1880 vollständiger Neubau im Neurenaissance-Stil. Seit 1972 im Zuge der Gebietsreform Eingemeindung nach Bobingen.
Pfarrkirche Hl. Kreuz: Vorgängerbau neugotisch (1872/73); Neubau 1957/58. Schloß von 1246 in Privatbesitz.
Bronzezeitliche Grabhügelgruppen (etwa 1500 v. Chr.) beim Leitenberg (Rundweg „Um den Leitenberg") und bei der Hirschbuche. Auf dem Friedhof Grab von Schlagersänger „Roy Black".

Streitheim – Rodungssiedlung des 11./12. Jahrhunderts. Von 1466 bis 1803 im Besitz des Hochstiftes Augsburg.
Pfarrkirche St. Vitus: Ursprünglich spätgotischer, im 19. Jahrhundert neu ausgestatteter Bau, 1978 in modernem Stil grundlegend erneuert.
Burgstall: Die heute kaum noch erkennbare Anlage östlich unterhalb der Kirche war im Mittelalter Sitz der Herren von Waldkirch.

Täfertingen – Alamannische Ursiedlung. Nach wechselnden Besitztumsverhältnissen seit dem 30-jährigen Krieg unter der Grundherrschaft des Augsburger Hl.-Geist-Spitals. Heute Ortsteil der Einheitsgemeinde Neusäß.
Pfarrkirche Mariä Himmelfahrt: Im Kern spätgotisch, Umbau im 18. Jahrhundert. Schöne Holzfiguren. Deckenfresken in frühklassizistischem Stil von J. Anton Huber 1791.

Thannhausen – 1109 erstmals urkundlich erwähnt, bis 1268 in staufischem Besitz. Ortsadelssitz. Häufiger Besitztumswechsel. Seit Anfang des 18. Jahrhunderts unter der Grundherrschaft der Grafen von Stadion.
Pfarrkirche St.-Mariä-Himmelfahrt: 1740/46 von J. K. Radmiller erbaut. Qualitätvolle barocke Ausstattung. Denkmal des Jugendschriftstellers Christoph von Schmid. Stadionkapelle: Erbaut 1720 anstelle der ehem. Synagoge nach Ausweisung der Juden. Achteckiger Zentralbau mit guter Ausstattung. Ehem. Wasserburg der Herren von Thannhausen, 1450 zerstört. Zahlreiche schöne Bürgerhäuser.
Schöner Stadtpark; „Hansenhohl-Steig“ und Rast- und Grillanlage „Mehlbrünnele“ Richtung Ziemetshausen.

Thierhaupten – Ortsgeschichte in engem Zusammenhang mit der Geschichte des ehemaligen Benediktinerklosters. Legendäre Gründung um 750 von Herzog Tassilo III. Nach Niedergang 1028 zweite Gründung. 1462 Übernahme der Verwaltung durch Herzog Ludwig d. R.; neue Blüte im 16. Jahrhundert. Mehrfache Zerstörungen insbesondere im 30-jährigen Krieg. Kloster 1806 vom bayerischen Staat an private Hand verkauft. Seit 1985 Sanierung und Nutzung durch den Bezirk Schwaben (Schule für Dorferneuerung). Ehem. Benediktinerklosterkirche St. Peter und Paul: Romanischer Kernbau des 12. Jahrhunderts, in den wesentlichen Teilen erhalten. Ältester und größter Backsteinbau im Alpenvorland. Dreischiffige Pfeilerbasilika mit einfachen Formen. Sparsame Barockisierung (Stuck F. X. Feichtmayr). Mönchschor von J. J. Herkomer, 1710. Sehenswertes Klostermühlenmuseum (Tel.: 0 82 71/17 69).

Tiefenried – Wallfahrtskirche Maria Hilf: Ursprünglich 1640 erbaute Kapelle, 1699 erweitert. Stuck und Fresken neubarock, Ausstattung neuromanisch.

Traunried – Kapelle St. Wendelin: Im frühen 18. Jahrhundert erbaut, Ausstattung aus der Erbauungszeit.

Türkheim – Ehemalige Römerschanze (Aussichtspunkt); späterer Standort einer frühmittlalterlichen Burg. Im 13. Jahrhundert zusammen mit der Herrschaft Schwabegg bayerisch. Im Laufe der folgenden Jahrhunderte ständig wechselnder Besitz. Seit 1666 Residenz von Herzog Maximilian Philipp, dem Bruder des Kurfürsten Ferdinand.
Pfarrkirche Mariä Himmelfahrt: Gotischer Kernbau. Innenraum im 19. und 20. Jahrhundert völlig umgestaltet. Einzelne, alte Ausstattungsteile teilweise noch erhalten.
Schloß: 1532–1535 erbaut, Ende des 17. Jahrhunderts erneuert. Einfacher Barockbau, ehemaliges Amtsgericht. Renovierung 1980; heute Rathaus und „7-Schwaben-Museum" (geöffnet jeden 1. Sonntag im Monat 14.00–17.00 Uhr oder nach Absprache unter Tel. 0 82 45/7 13).
Ludwigstor 1829 zu Ehren eines Besuchs des Königs erbaut.
Ehem. Kapuzinerklosterkirche (1685) stark überarbeitet.
Spätkeltische Viereckschanze auf dem heutigen Sportplatz.
In Türkheim wuchs Ludwig Aurbacher (geboren 1784), der Autor der „Abenteuer der sieben Schwaben" auf.
Beginn des Weitwanderweges „Lueg ins Land" nach Wertingen.

Tussenhausen – Gründung 7./8. Jahrhundert, erste urkundliche Erwähnung 943. Ortsgeschichte im Zusammenhang mit der Herrschaft Angelberg.
Pfarrkirche St. Martin: Im Kern 14. bzw. 15. Jahrhundert, später mehrfach umgestaltet. Neue Innenausstattung um 1700. Heutige Einrichtung 2. Hälfte des 18. Jahrhunderts.
Wallfahrtskapelle unserer lieben Frau („Käppele"): Vorläuferbau aus der Mitte des 17. Jahrhunderts abgebrochen.
Neubau 1708–1713.
Burgstall Angelberg: Gut erkennbare Befestigungsreste (Wälle und Brunnen) nördlich oberhalb des Ortes.
Ehemals bedeutender Herrschaftssitz, ständig wechselnder Besitz.
1749 Beginn der Abbrucharbeiten an dem baufälligen Schloß.
Beginn des Zusam-Radwanderweges nach Donauwörth.

Unterrothan – Ehemalige Einöde, 1316 urkundlich erwähnt. Seit Mitte des 16. Jahrhunderts fuggerisch (Herrschaft Mickhausen)
Kapelle St. Franz Xaver: 19. Jahrhundert.

Unter-/Oberthürheim – Mittelalterliche Ausbausiedlungen von Pfaffenhofen. Vom 12.–14. Jahrhundert Sitz der Ritter von Thür-

heim. Grundherrschaft durch das Kloster St. Stephan, später durch das Kloster Kaisheim.
Pfarrkirche St. Nikolaus (O.-Thürheim): 1680 Abbruch der Vorläuferkirche, 1683 Neubau. Ausstattung 17./18. Jahrhundert. Lindenkapelle 1756 erbaut.
Pfarrkirche Mariä Himmelfahrt (U.-Thürheim): Unter Verwendung spätgotischer Bauteile 1861 Neubau des Langhauses in neugotischen Formen.
Alte Wehranlage auf dem Thürlesberg: Ehem. Burg der Ritter von Th., im 14. Jahrh. zerstört. Wenig erhaltene Befestigungsreste.

Ustersbach – Entstehung im 11. Jahrhundert. 1277 erstmals urkundlich erwähnt. Im Grundbesitz verschiedener Klöster, zuletzt des Domkapitels Augsburg. Ende des 13. Jahrhunderts eines Ortsadels.
Pfarrkirche St. Fridolin: 1726 Neubau unter Verwendung mittelalterlicher Bauteile. Stuck von A. Hang aus Augsburg, sonstige Ausstattung weitgehend modern.
Sühnedenkmal am östl. Ortseingang für den 1408 ermordeten Ritter Burkart von Schellenberg (Pfandschaftsinhaber der Herrschaft Seifriedsberg). Errichtet 1410/15.

Vallried – Rodungssiedlung des 11–12. Jahrhunderts. Bis 1803 zersplitterte Grundherrschaftsverhältnisse.
Kapelle St. Maria: 1710 erbaut, Ausstattung neuromanisch, 2. Hälfte 19. Jahrhundert

Vesperbild – Wallfahrtskirche unserer lieben Frau: 1725/26 Neubau als Wallfahrtskirche durch Simpert Kraemer, Stiftsbaumeister aus Edelstetten. 1754 Abbruch und Neubau durch J. G. Hitzelberger von Ziemetshausen. Stuck von Tass. Zöpf, Fresken von Balth. Riepp aus Reutte in Tirol. Gnadenbild Pieta aus der Mitte des 17. Jahrhunderts. Ausstattung überwiegend 19. Jahrhundert. Mariengrotte.

Viereckenburg / Keltenschanze – siehe Reutern.

Violau – Ursprünglich Heszilinbach, 1282 an das Kloster Oberschönenfeld verkauft, seit 1346 Violau.
Wallfahrtskirche St. Michael: Vorläuferkirche romanische Säulenbasilika (1. Hälfte 12. Jahrhundert), Ende des 16. Jahrhunderts Vergrößerung der Kirche, 1617–1620 vollständiger Neubau auf den alten Fundamenten, Baumeister David und Georg Hebel. Ausstattung im wesentlichen 18. Jahrhundert unter Beteiligung bedeutender Künstler wie J. G. Bergmiller, J.G. Dieffenbrunner, E. Feichtmayr, J. Huber u. a. Der 1807 verfügte Abbruch konnte noch rechtzeitig verhindert werden. Die erstmals 1466 urkundlich erwähnte Wallfahrt erlebte nach dem 30-jährigen Krieg und im

18. Jahrhundert ihre größte Blütezeit. Zahlreiche Votivtafeln. Sternwarte mit Führungsmöglichkeit auf Anfrage (Tel.:0 82 95/8 40).

Waldberg – Rodungssiedlung des 11./12. Jahrhunderts. Seit 1595 fuggerisch. Im 13. Jahrhundert Sitz eines Ortsadelsgeschlechtes.
Pfarrkirche zur Hl. Dreifaltigkeit: Die ursprüngliche St.-Vitus-Kirche auf dem Kalvarienberg wurde 1817 südlich abgesetzt neu erbaut (Reliquien der Volksheiligen Radegundis).

Walkertshofen – Rodungssiedlung des 9. Jahrhunderts. Im Mittelalter Sitz eines Ortsadelsgeschlechtes. Seit dem 14./15. Jahrhundert alleinige Grundherrschaft durch das Domkapitel Augsburg.
Pfarrkirche St. Alban: Im Kern spätgotisch, umfangreiche Veränderungen im 17. und 18. Jahrhundert. Qualitätvolle, spätbarocke Stuckdekoration. Baumeister Michael Stiller aus Ettringen.
Burgstall „Burgberg" östlich des Ortes mit den noch erkennbaren Befestigungsresten, bis 1390 Sitz des o. a. Ortsadels.
Staudenfest alle 3 Jahre.

Weiherhof – Nach der Legende ursprünglicher Sitz des Klosters Oberschönenfeld. Kleine Kapelle, erbaut 1738. Gasthof, stattlicher Bau aus dem Jahre 1728. Naturlehrpfad östlich des Weilers.

Weisingen – Alamannische Gründung des 7. Jahrhunderts, frühe Ausbausiedlung von Holzheim. Ortsadelssitz. Nach und nach im Besitz des Hochstifts Augsburg. Landeshoheit: Markgrafschaft Burgau.
Pfarrkirche St. Anna und Sixtus: Stattliche Anlage, Neubau in der ersten Hälfte des 18. Jahrhunderts.

Welden – Rodungssiedlung des 9. Jahrhunderts. Zunächst unter der Herrschaft der Markgrafschaft Burgau, ab 1597 in fuggerschem und ab 1864 wieder in Burgauer Besitz.
Pfarrkirche St. Mariä: Ursprünglich romanische Anlage, 1732 barock umgebaut. Deckenfresko von Matth.Günther, 1739. Schlüssel beim Pfarramt.
Votivkirche St. Thekla oberhalb des Ortes: Gestiftet von Graf Josef Maria Fugger v. Wellenburg 1714–1764.
Hauptwerk von Hans Adam Dossenberger in reinem Rokokostil (1756/57), Fresken von Job. Bapt. Enderle und Balth. Riepp aus Tirol. Davor eine beeindruckende alte Lindenallee.
Gottesackerkapelle zu den 14 Nothelfern: Erhaltener Chor eines spätgotischen Kirchenbaues von 1497.
Burgstall auf dem Theklaberg: Reste einer von den Markgrafen von Burgau im 12. Jahrhundert erbauten Burg, bis 1597 Sitz

eines Ortsadels, dann bis zu ihrer Zerstörung im 30-jährigen Krieg im Besitz der Fugger. Bergfried 1755 abgetragen.
Ehem. unteres Schloß: Nach Zerstörung der Burg markgräflich burgauisches Amtshaus (heute Gasthof).
Ludwig-Ganghofer verbrachte in Welden seine Jugend (Ganghofer-Haus, Bahnhofstraße 15, mit Inschrift; Ganghofer-Hütte südlich Weldens).
Marktfest, Freilichtaufführungen. Info-Tel.: 0 82 93/6 99-0
In Welden endet der „Landrat-Dr.-Frey-Radweg" auf der ehemaligen Bahntrasse von Neusäß.

Wellenburg (Schloß) – Fundort eines hallstattzeitlichen Wagengrabes. Um 1200 erstmals genannt. Im Mittelalter Sitz der Kämmerer des Bischofs von Augsburg, später im Besitz Augsburger Patrizier. Nach mehrfacher Zerstörung im 14. und 15. Jahrhundert Übergang in den Besitz des Erzbischofs von Salzburg, 1507 Neubau des Schlosses als Jagdsitz des Kaisers Maximilian I. Seit 1595 Fuggerbesitz. Mehrfache Umbauten und nicht realisierte Neubauprojekte, Baumeister u. a. Elias Holl und H. G. Mozart. Grunderneuerung im 18. Jahrhundert. 1857/58 neugotisch umgestaltet. Privatbesitz, keine Besichtigung möglich.
Unterhalb des Schlosses Minigolfanlage.

Wertingen – Erste urkundliche Erwähnung 1122, eigentliche Stadtgründung 1219 durch die Staufer. Seit 1269 bayerisch, Lehen der Herren von Hohenreichen, ab 1348 die Familie Langenmantel/Augsburg. Schwere Stadtbrände in den Jahren 1388 und 1462. 1467 Verkauf des Lehens an die Herren von Pappenheim. Im 30-jährigen Krieg schwere Zerstörungen. 1700 Rückfall des Lehens an die Wittelsbacher. Bis 1972 Kreisstadt.
Stadtpfarrkirche St. Martin: Bei den Stadtbränden mehrfach zerstört und wiederaufgebaut. Romanische Anlage teilweise in den Osttürmen erhalten. Chor gotisch, Langhaus um 1700 erbaut. Prachtvolle Stuckdekoration im Wessobrunner Stil (1705).
Seelenkapelle: Neubau 1760 mit schöner Ausstattung. Friedhofskapelle St. Michael: Neubau des frühen 17. Jahrhunderts im heutigen Nord- und Westflügel erhalten.
Ehem. Schloß: Altes Schloß, 1354 von J. Langenmantel erbaut, mehrfach schwer beschädigt.
Neues Schloß (Nordostflügel), 1654 unter der Herrschaft der Pappenheimer errichtet. Innenrenovierung 1969/1971 (heute Rathaus und Heimatmuseum sowie zeitg. Kunstsammlung).
Schönes Stadtbild mit bemerkenswerten Bürgerhäusern, überwiegend aus dem 18. Jahrhundert.
Ehemaliges Kloster Weihenberg im Südwesten der Stadt: Gründung als Augustiner-Doppelkloster im 12. Jahrhundert, später reines Frauenkloster, Blütezeit im 14. Jahrhundert, 1448 aufgehoben. Abgang der letzten Gebäude Anfang des 19. Jahrhun-

derts. Freibad mit Minigolf, Biergarten u. Ponyreiten; Info-Tel. Stadtverwaltung: 0 82 72/8 40.

Willishausen – Ausbausiedlung von Diedorf, seit dem 15. Jahrhundert im Besitz des Hl.-Geist-Spitals, Augsburg.
Pfarrkirche St. Martin: Romanische Vorgängerkirche, spätgotisch erneuert. 1694 Neubau, Ausstattung Anfang bis Mitte 19. Jahrhundert. 1890 neuer Turm sowie Langhauserweiterung.

Willmatshofen – Rodungssiedlung des 11. Jahrhunderts von Fischach aus gegründet. Im 13. Jahrhundert Sitz eines Ortsadels, unter der Grundherrschaft Seifriedsberg, Fugger/Mickhausen und Augsburger Domkapitel.
Pfarrkirche St. Vitus: Die mittelalterliche Vorläuferkirche um 1610 und 1680 erneuert, ein weiterer Umbau 1776 geplant, jedoch erst 1843 durchgeführt. Typischer Backsteinturm des 15. Jahrh.

Wörleschwang – Im Mittelalter unter der Herrschaft von Welden, ab 1597 im Besitz der Fugger und ab 1764 der Markgrafschaft Burgau. Pfarrkirche St. Michael: Kernbau aus dem 13./14. Jahrhundert, Umbauten im 16., 17. und 18. Jahrhundert. Nach Kriegsende gut restauriert, u. a. Freilegung gotischer Fresken (Anfang 15. Jahrhundert).

Wolfsberg (Ruine) – siehe Steinekirch bei Zusmarshausen

Wollbach – Im 12. Jahrhundert erstmals urkundlich erwähnt. Nach mehrfachem Besitzwechsel kam der Ort um 1480 an das Hochstift Augsburg.
Pfarrkirche St. Stephan: Kernbau aus dem 15. Jahrhundert. Nach einem Brand 1762/63 Wiederaufbau in vereinfachter Form.

Wollishausen – Gründung im 8./9. Jahrhundert. Erstmals 969 urkundlich genannt. Im 12. Jahrhundert Ortsadelssitz. Zersplitterte Besitztumsverhältnisse. Filialkirche St. Peter und Paul (Filiale von Dietkirch): 1747 einheitlicher Neubau. Charakteristisches Frühwerk von Joseph Dossenberger d. J. unter Mitarbeit seines Bruders Hans Adam D. Ausmalung durch J. G. Lederer aus Augsburg. Stuck von J. Dossenberger.

Wollmetshofen – Rodungssiedlung des 11. Jahrhunderts von Fischach aus gegründet. Ständig wechselnde Besitztumsverhältnisse. Im 12. Jahrhundert ein hier ansässiger Ortsadel erwähnt.
Filialkirche St. Jakobus a. Ä: von der spätgotischen Vorläuferkirche Chor erhalten, Neubau Langhaus 1720, Mitte des 19. Jahrhunderts erweitert. Ehemaliges Schloß 1771 abgebrochen.
Schloß Elmischwang: Im Mittelalter dem Augsburger Stift St. Moritz gehörig, im 16. und 17. Jahrhundert mehrfacher Besitz-

wechsel, dann an das Augsburger Domkapitel und an mehrere Adels- und Patrizierfamilien, heute Altersheim.

Zaisertshofen – Im 13. Jahrhundert Sitz eines Ortsadels. Pfarrkirche St. Silvester: Spätgotischer Bau, 1758 von M. Stiller aus Ettringen umgebaut. Rokokoausstattung (u. a. Fresken von J. B. Enderle) nicht mehr erhalten.
Pfarrhof: Stattlicher, schloßartiger Bau 1768. Saal mit schöner Stuckausstattung (1770) und Fresken von J. B. Enderle.
Burgstall auf dem „Schloßberg" ohne erkennbare Geländespuren.

Ziemetshausen – 1126 erstmals erwähnt. Hauptort der Herrschaft Seifriedsberg.
Pfarrkirche St. Petrus und Paulus: Spätgotischer Vorläuferbau. 1686–1694 Neubau durch Joh. Schmuzer aus Wessobrann unter Benutzung alter Bauteile. Im Langhaus ausgezeichnete Stuckdekoration von J. Schmuzer im typisch Wessobrunner Stil. Prächtige Kanzel. Chorstuck und Hochaltar von Tassilo Zöpf aus Wessobrunn. Anna-Altar mit Figuren von Lorenz Luidl aus Landsberg. Doppelempore mit Stuck von E.X. Feichtmayr 1757. Neuromanischer Turm 1847.
Burgstall „Mittelburg" nordwestlich der Kirche: Teilweise noch sichtbare Anlage ohne genaue geschichtliche Daten.

Zusmarshausen – Jungsteinzeitliche und römische Funde im Bereich des Übergangs der Römerstraße Augsburg-Günzburg über die Zusam. Entstehung im 8. Jahrhundert und damit wohl älteste Ortschaft des Naturparks. Wechselnde Besitztumsverhältnisse (Bischof von Augsburg, Markgrafschaft Burgau, Familie Langenmantel und zuletzt das Hochstift Augsburg). Marktrecht seit 1295. Zwischen Zusmarshausen und Augsburg wurde am 17. Mai 1648 die letzte Schlacht des 30-jährigen Krieges auf deutschem Boden zwischen kaiserlichen Truppen und den alliierten Franzosen und Schweden geschlagen; mehrere Infotafeln zwischen Zusmarshausen und Hainhofen informieren darüber.
Pfarrkirche St. Maria: Spätgotische Anlage, Ende des 17. Jahrhunderts umgebaut. Langhausneubau 1939–1944, Chorraumneugestaltung 1980.
Kapelle St. Antonius v. R (1725). Ehem. Schloß 1505 als Sitz des bischöflichen Pflegeamtes erbaut, im 18. Jahrhundert verändert, heute Forstamt. Wallanlage auf dem nördlich der Autobahn gelegenen „Antoniberg", vermutliche Befestigung aus frühmittelalterlicher Zeit. Heimatmuseum und „Privatmuseum der 50er Jahre" (geöffnet 1. So. im Monat, 14–16 Uhr); Badeanlage Rothsee mit Fest im Juli; Naturlehrpfad „Am Horn"; regelm. Veranstaltungen und Märkte. Info-Tel.: 0 82 91/91 66.

Ausgewählte Literatur (ohne Gewähr)

- **Kreisbeschreibungen**
  Landkreis Augsburg – Einführungsband und Band 1 (Landschaft und Natur), Band 5 (Kirchengeschichte), Band 6 (Kunstgeschichte).

- **Bayerische Kunstdenkmale** (Kurzinventar):
  Neu W./Otten E.: Landkreis Augsburg – München 1970

- **Wander- und Radwanderführer**
  Blankenstein Christel: „Das Radwanderbuch Augsburg mit Naturpark Westliche Wälder" und „Das Augsburger Wanderbuch" – beide Stöppel-Verlag, Weilheim
  Frei H./Schneider O. et al.: Archäolog. Wanderungen um Augsburg – Konrad Theiss-Verlag, Stuttgart 1977
  Lohrmann Ulrich: Radausflüge um Augsburg – Gondrom-Verlag Bindlach
  Schmidt Hans: Schwäbisch-Allgäuer-Weitwanderweg (Augsburg – Sonthofen) – Brack-Verlag, Altusried 1993
  Volkmann H.: Die schönsten Radtouren rund um Augsburg – Bielefelder Verlagsanstalt, Bielefeld 1998

- **Wander- und Radwanderkarten**
  Naturparkverein: Wander- und Radwanderkarte „Naturpark Augsburg – Westliche Wälder" (1:50000), ab 6. Auflage, Augsburg 1999
  Allgem.-Deutscher-Fahrrad-Club e.V.: Radkarte „Augsburg und Umgebung" (1:75000) – Bielefelder Verlagsanstalt, Bielefeld 1997

- **Prospekte & Broschüren des Naturparkvereins** (NPV):
  NPV: Freizeit natürlich erleben – (Standardprospekt mit Information zum Naturpark) – Augsburg 1996 (kostenlos)
  NPV: Mehrtägige Radtouren „Zusam-Radwanderweg" (100 km) und „7-Schwaben-Tour" (220 km) – Augsburg 1997/98 (je 1,50 DM)

- **Sonstige Themen**
  Brigitte Settele Verlag (Hrsg.): Naturpark Augsburg – Westliche Wälder – Wanderparadies zwischen Donau, Schmutter, Wertach u. Mindel – Königsbrunn 2000 (gepl.)
  Pötzl W. Gutmann H.: Das Staudenhaus aus Döpshofen – Augsburg 1985
  Hiemeyer E.: Flora von Augsburg – Augsburg 1978

Nützliche Adressen

- **Naturpark Augsburg – Westliche Wälder e. V.**
  - Tourenangebote, Führungen, Informationsmaterial
  - Naturkundliches Informationszentrum
  - Auskünfte/Infomaterial zum Naturpark

  Im Landratsamt Augsburg
  Prinzregentenplatz 4, 86150 Augsburg
  Telefon: 08 21/31 02-2 78 Telefax: 08 21/31 02-2 09
  Internet: www.landkreis-augsburg.de

- **Regio Augsburg Tourismus GmbH**
  Bahnhofstraße 7/I und Rathausplatz
  86150 Augsburg
  Telefon: 08 21/5 02 07-0 Telefax: 08 21/5 02 07-45

- **Landratsamt Dillingen an der Donau**
  Telefon: 0 90 71/51-0

- **Tourist-Information Donauwörth**
  Rathausgasse 1
  86609 Donauwörth
  Telefon: 09 06/7 89 Telefax: 09 06/7 89-222

- **Kneippland Unterallgäu**
  Bad Wörishofer Straße 33
  87719 Mindelheim
  Telefon: 0 82 61/99 52 35 Telefax: 0 82 61/99 53 32

- **Verein für Naherholung Günzburg e. V.**
  Telefon: 0 82 21/95-0

- **Schwäbisches Volkskundemuseum Oberschönenfeld mit Naturpark-Haus**
  86459 Gessertshausen (Landkreis Augsburg)
  Telefon: 0 82 38/30 01-0 Telefax: 0 82 38/30 01-10

- **ADFC-Infoladen, Kreisverband Augsburg**
  Heilig-Kreuz-Straße 30
  86152 Augsburg
  Telefon: 08 21/3 71 21

- **Arbeitsgemeinschaft Urlaub im Staudenland**
  Hauptstr. 47, 86872 Konradshofen
  Telefon: 0 82 04/3 03, Telefax: 0 82 04/29 89 50

Bildnachweise

Reinhard Eisele, Augsburg
Titel, Rückseite, 3, 6, 8/9, 10/11, 12/13, 14/15, 22, 26/27, 31, 32, 73, 75, 79, 82, 85, 90/91, 93 unten, 95, 99, 102/103, 105, 109, 113, 115, 117, 119, 131

Helga Eisele, Augsburg
69, 81, 91 unten, 92/93, 107, 127

Naturparkverein Augsburg
24, 28, 55, 60, 62, 77, 97, 125

Wander- und Radwanderkarte im Naturpark Augsburg – Westliche Wälder
(1:50000)

Die ideale Ergänzung zu diesem Wander- und Radwanderführer.
Mit allen Touren und wichtigen Detailinformationen.
Erhältlich überall im Buchhandel.
ISBN 3-9806733-0-8

Notizen